풍경 여정

신은현 申銀賢

1957년 경북 의성에서 출생하여 초교 5년 봄, 부산으로 이주했다.
아호는 여민余畞이다.
코오롱그룹에 재직하면서 울산석유화학단지 김천산업단지를 거쳐 여수산단에서 정년퇴임하였고 현재는 여수산단 내 (주)하이팩 남해화학현장 소장으로 일하고 있다.
2016년《문학춘추》신인상으로 등단하였으며 전남대 여수평생교육원에서 문예창작 과정을 수강했다.
휴정한문서예연구원 정회원, 문학춘추작가회 회원, 한국문인협회 여수지부 회원, 동인지 여문돌 회원이다.
eunhyun.s@hanmail.net

풍경 여정

—

초판 1쇄 2019년 6월 13일
지은이 신은현
펴낸이 김영재
펴낸곳 책만드는집

—

주소 서울 마포구 양화로3길 99, 4층 (04022)
전화 3142-1585·6
팩스 336-8908
전자우편 chaekjip@naver.com
출판등록 1994년 1월 13일 제10-927호
ⓒ 신은현, 2019

—

* 이 책의 판권은 저작권자와 책만드는집에 있습니다. 이 책 내용의 전부
  또는 일부를 재사용하려면 양측의 동의를 받아야 합니다.
* 잘못 만들어진 책은 구입하신 서점에서 바꾸어 드립니다.

—

ISBN 978-89-7944-694-4 (03810)

풍경 여정

신은현 시집

책만드는집

| 시인의 말 |

꽃과 바람을 만나던 날
가까이서 보니 참으로 예쁜 꽃이
바람의 낭설에 흔들리며
까닭을 알지 못하여 붉어지는데
이 일을 어찌할 것인가
의문 한 줄의 메모를 하고

책과 사람을 만나던 날
오일장에서 유세장에서 만나고
고속도로 휴게소 진열대에서도 만나고
두보를 읽으며 그 길 따라 가다가
저녁연기 오르는 강 건너에 서서
한 폭의 그림을 마음에 담고

산과 바다를 만나던 날
가막만에서 안심산 자락에서
호수 같은 바다 소호를 바라보며
세월을 이어 지난날을 기억해낼 때
공룡의 무게를 이겨 고래 등으로 떠 있는 섬
울울하던 숲 근처 은행나무를 그리며
시 한 수를 주워 담아, 이제

그 시들을 모아 책으로 엮어봅니다.

－2019년 6월
신은현

| 차례 |

4 • 시인의 말

1부

13 • 봄입니다
14 • 봄꽃
15 • 가까운 사이
16 • 봄비는 꽃에 내리고
18 • 봄비 내리는 날
20 • 이 봄, 어디로 가야 할지
21 • 그대 웃음
22 • 신록의 세상으로
24 • 오월이 오면
25 • 오월 영취산
26 • 풍경 하나 그릴까
27 • 꽃눈, 잎눈
28 • 아가씨들아 오라
29 • 도리원의 봄
30 • 낙엽을 담는 강
31 • 길 위의 가을
32 • 낙엽
34 • 가을의 기도

2부

37 • 오늘 하루는
38 • 휴일 아침
39 • 때로는
40 • 쉬어 가라 하네
42 • 방학기
43 • 겨울 슬럼프
44 • 시와 세레나데
46 • 겹쳐진다
47 • 제삼의 방
48 • 광장에는 길이 있었다
50 • 망설임
51 • 그대 맘 사이마다
52 • 참으로 알 수가 없네
54 • 닿아 있네
55 • 숲에게 나무에게
56 • 가을바람
57 • 일렁이다
58 • 유월의 기억
59 • 솔롱고스

3부

63 • 그것뿐이랴
64 • 창을 여네
66 • 가막만의 아침
67 • 농월정에서
68 • 우포늪에서
69 • 금오도 풍경
70 • 소호의 봄
71 • 옛얘기 그대로네
72 • 옥룡계곡에서
74 • 소항을 가보다
76 • 장흥 기산에서
78 • 열대야
80 • 떠도는 허물
81 • 알마티 동네
82 • 길
83 • 낮달
84 • 환풍기

4부

87 • 바닷가에서
88 • 은행나무 곁에서
89 • 어느 길의 밤 풍경
90 • 나무에게 물어보네
92 • 나비의 행방
93 • 소설에 내리는 비
94 • 바람의 진술
95 • 구름아
96 • 길을 걷다가
98 • 겨울나무
99 • 칠월
100 • 경칩의 나라
101 • 이미지 그리기
102 • 사랑은 동그라미였다
103 • 동그라미 그려보다
104 • 바람의 넉살

5부

109 • 엄마의 강
110 • 어머니의 공책
111 • 우수 무렵
112 • 아버지
113 • 찔레꽃
114 • 아랫목
116 • 담장
117 • 개울 옆
118 • 고향의 강
119 • 유년의 여름
120 • 송진 냄새
121 • 호박전
122 • 다경가
123 • 나보다 꽃
124 • 기억력 찾기
125 • 치앙마이
126 • 또 헛일이 되나
128 • 내 맘도 모르고
130 • 첫 손녀를 보던 날
132 • 뒤태
134 • 몸의 숲으로

136 • 해설_신병은

1부

봄입니다

눈이 시렸을까
달빛 고운 나무 곁에서 겨울 창을 연다
제주도에 매화가 피었다는 저녁에
바닷가 얼기설기한 숲 속은
나무 사이로 보이는 달무리도 곱다
소호 바닷가
불빛 다한 어둠 속에서
낙엽 하나 바스락거리는 소리는
겨우내 떠돌던 생각을 흔드는 소리다
오늘은 창을 여는 날
해 달 별 나무에게
갈숲에게 어둠에게 파도에게
인사하고 싶다
봄입니다

봄꽃

밤바다에
달이 차고 별이 내려
하늘 깊이 환한 꽃물결이 일면
내 맘에도
분분한 꽃바람이 이네
꽃이여
그대 자리는
이제 달빛만 가득이네
별도 아스라이 멀어지고
나에게로 고여오는 그대
봄내 웃는 얼굴 고왔지
내 오늘 그리워
꽃이여! 불러보지만
그 소리 내 안에서 맴도네
그대 지금 어디쯤 가 있는지
봄의 꽃이여

가까운 사이

나무의 사이가 가깝다
잎눈이 꽃과 나무의 사이에서 가깝다
계단의 산책로는 아침 공기에 가깝고
아침 공기는 이슬에 가깝다
바람은 기슭에 일렁이며 꽃대를 흔든다
봄꽃들이 흔들리며 가까이서 피고 있다

바다 가까운 언덕으로
사람들이 모여 살며 빈터를 두었다
길 사이 빈터로 달빛 곱게 내리고
어느 날 풀씨 날아와 풀꽃이 되었다
이름 모를 꽃을 꽃이라 부를 때
풀과 꽃이 가깝고 꽃과 사람이 가까워졌다

봄의 꽃밭이 되었다

봄비는 꽃에 내리고

봄비는
꽃을 적시고
그 입술을 적시고
가슴까지 파고들어
끝내 스며드는 것
스민 채 흐르는 것
흘러 여린 아픔을 씻어내는 것
붉고 희고 노란 꽃의 무리가
봄내 서로 시샘하다가
지쳐 쉬는 날에 비가 내리지
봄비가 내리지
봄꽃은
사랑도 미움도 함께 피웠으니
봄꽃은 아픔의 기쁨이며
참고 건너야 할 희망인 거지
꽃의 노래가 모여
개울이 되고 강이 되고
또 강이 되고
어디가 끝인지 알 수 없으나
은하 건너는 별들이 그러하듯
끝은 또 다른 시작이고

멈추는 것이 시작이니
봄비는 봄꽃에 내리지

봄비 내리는 날

나무와 숲이 있는 언덕 동네
꽃눈 잎눈의 가지에 봄비가 내리고
쉼터로 가는 언덕길을 오를 때
키 작은 목련이 내게 인사하네
안녕하세요
작년 봄엔 자주 오시더니
가까이서 보고 또 보고 하시더니
가끔은 늦은 밤에도 오시더니
올봄은 처음이시네요

놀이터 벤치가 내게 말하네
안녕하세요
그전에는 나를 쓰다듬어 보기도 하고
한참을 앉아보기도 하시더니
이제야 오시는군요
바람 차고 눈비 내리고
빈 가지 나무 그림자가
내 위를 지나는 동안
혹시 오시려나 기다렸는데

비의 소리로 기억나는 것

두고 간 세발자전거가 있던 자리
바람 빠져 버려진 공
낙서 분분하던 벽
돌계단 언덕길의 마른 풀과 가로등
길고양이의 술래잡기가
봄비의 리듬으로 되살아나서
서로 인사를 한다

이 봄, 어디로 가야 할지

꽃이 피어
흐드러지게 피어
골목까지 파고드는데
이 봄, 어디로 가야 할지

개나리
그 언덕으로 가볼까
거기 벚꽃도 한창이라지
진달래 축제 소식
플래카드도 나부끼는데
지산동 목련은 어떠할까

비 갠 77번 국도
중립 기어에 서성이며
잠깐 조는 사이
구름 속 햇살이 내리고
꽃들도 바람도
푸른 들녘도 어서 오라 하네

그대 웃음

뒷산에
진달래 피었더라
참으로 곱더라
그대 웃고만 있네

개나리 산수유
피었더라
온통 꽃 잔치더라
그대 웃고만 있네

고운 색으로
풋풋한 향기로 풀어낼 때
수줍던 봄
그대 웃음이었네

신록의 세상으로

꽃 소식의 유랑길
바람에 마음이 흔들리던 날
들로 산으로 언덕으로 달리네
꽃이여,

봄의 꽃이여
마음속 풍경 하나 남기며
봄의 유랑에서 돌아오려 하네

언덕길 울타리의 조명으로
밤이 수줍던 목련 한 그루
그 곁에 돌아온 저녁
목련은 남은 꽃잎의 손을 놓으며
불빛 사이 고이 나리고 있네
오늘은 바람 없는 날
바람 없어 쉬이 돌아오는 날
지붕 높은 곳으로 바닷새도 날아드네

꽃의 자리 머뭇대는 잎의 스크럼
바람의 노래를 부르네
뿔로 돋아나는 잎들의 노래

가지마다 피어나는 경건한 몸짓
속삭이듯 말하네
다시 오라 들로 산으로
신록의 세상으로 오라 하네

오월이 오면

오월이 오면
장미 고운 곁에서
노래 한 곡 부르고 싶네
"사랑한다"고
푸른 숲에게 나무에게
산으로 바다로 오는 바람에게

오월이 오면
푸르고 고운 이 세상
누구에게 먼저 전해줄까
"사랑한다"고
내 맘에 흐르는 노래
가로등 불빛에 출렁거리네

오월이 오면
끝내 보내지 못한 노래
다시 가슴에 담아두네
"사랑한다"고
오월은 장미 고운 곁이네
사랑이네

오월 영취산

진달래꽃 진 자리 짙어간다
능선이 고운 산,
꽃 지고도 마음은 아직도 붉어 있다
꽃의 기억으로
또 꽃이 필 그날까지 붉어 있겠다
오월의 영취산은
자락 깊이 이어져 아황색이고
꽃 진 자리 그 그늘로 녹음이 든다
능선으로 누운 여인의 모습이
호명마을 동구에서 보인다기에
아침마다 차창을 열고 올려다본다
며칠 걸려 얼굴 가슴이 보이고
마침내 전신이 보이던 날을 잊지 못한다
세월이 빚은 조각
그 고운 모습을 잊지 못한다
마음은 또 진달래로 붉어지고
여인의 능선은 녹음으로 짙어간다

풍경 하나 그릴까

산 너머 복사꽃 마을을 지나는
물소리 정겨운 시냇가를 걷는다
미루었던 생각들을 끄집어내어
따뜻한 볕에 펼쳐보니
모든 게 봄을 기다렸던 것들이었구나
바람에 분분한 복사꽃이여!
오늘 여기 푸른 들녘, 대지의 벼루에
하늘 담은 물로 먹을 갈고 싶구나
미루고 또 기다렸던 생각들을 모아
물소리 징겨이 먹을 갈고 싶구나
옛 추억에까지 먹물이 짙어
가슴의 화선지로 오는 복사꽃이여!
바람을 내리는 그 꽃잎 하나 그릴까
꽃잎 띄워 흐르는 물소리를 그릴까
미루고 또 기다렸던 생각 모아
산 너머 복사꽃 마을을 지나는
풍경 하나 그릴까

꽃눈, 잎눈

봄 햇살 한 움큼
동구에 놀러 오면
살포시 눈 비벼 보는
속가지 꽃눈 둘

봄바람 한 줄기
실개천 놀다 간 뒤
별무리 뜨고 지는 밤
곁가지에 잎눈 셋

아가씨들아 오라

숲이 푸르다 아가씨들아
호숫가 창포가 곱다 아가씨들아
오월의 아가씨들아 오라
녹음 우거지는 언덕으로 오라
광한루 너머로 바람이 일고
춘향이 마음 설레는 오월이 왔다
시냇물 고운 계곡에 꽃잎이 지고
설도의 그리움이 흐르는 오월이 왔다
서녘 먼 나라에도 해가 떠오르고
새들의 노랫소리 들판 아득히
괴테의 종다리가 나는 오월이 왔다
오월의 아가씨들아 오라
청량한 바람으로 오라
맑은 물소리로 오라
온 세상이 푸르다 아가씨들아
그네 차고 오르는 숲 언덕으로 오라
꽃물결 고운 시냇가로
종다리 솟구치는 밀밭 사이로 오라
세상이 푸르다 아가씨들아
오월의 아가씨들아 오라

도리원의 봄

화사한 복사꽃 잎
봄바람에 분분하여

쌍계천 굽이굽이
갯버들 벗을 삼아

도리원 유유한 천변
달빛 젖어 머물고

사숙재의 도리원과
조지훈 님 도리원이

지나온 세월 속에
그리운 풍경으로

도리원 굽이진 언덕
별빛 젖어 머문다

낙엽을 담는 강

바닥을 구르는 낙엽과 나무숲 사이는
햇볕이 고이 드는 터널 같지만
어찌 보면 낙엽을 담아 흐르는 강이다
그 안에 물고기의 유영처럼 낙엽이 내리고
골바람이 지나고
빛과 소리는 바닥으로 스며들어
봄볕과 신록의 이야기를
꽃의 이야기와 소나기 내리던 추억을 풀어내고 있다
남아 있는 것과 살아가야 할 것에 대한
이야기를 바람의 강에 풀어내고 있다
낙엽은 가시로 여위어갈 나무숲의 뿌리를 덮고
이야기 하나 기억 하나 덮으며
나무숲 속 깊이 자꾸 내린다
골바람이 지나는 숲의 터널은
낙엽을 담아 흐르는 강이다

길 위의 가을

낙포로 내려가는 77번 국도
영취산 자락의 마을들
아침저녁 오가며 사계를 보았다
길 따라 펼쳐지는 정겨운 풍경
눈길로 맞는 길 위의 가을
상쾌하고 시원한 바람길 가로수 따라
해 질 녘 그 길을 올라온다
벼 익은 들녘에 산그늘이 내리고
진달래 붉던 영취산에 단풍이 든다
산 너머 흥국사 계곡
청량한 물소리 들리는 듯
달을 담아 흐르던 물빛을 그려본다
이제 곧 빈 가지로 남아 찬 바람에 기댈
나무와 숲과 새들의 둥지가
바람의 유대 속에 겨울잠에 들 것이다
진달래 꿈을 꾸며

낙엽

찬 바람 불어
며칠 사이 가벼워진 나무
잎이 진 자리에
가을비가 내리고 있다

언제인가
바람의 나무는
꽃 곱고 잎 푸를 때
사랑 하나 있었다 했지
부치지 못한 편지도 하나 있다 했었지
봄의 산에서 여름 강가에서
그저 바람이던 나뭇잎 청춘은
하지 못한 말
못내 그리움으로 남아
가지마다 목마르다 했었지

아쉬운 마음
꽃 곱고 잎 푸를 때
사랑한다 말해볼걸
하나의 그리움
부치지 못한 편지 하나

그저 바람이던 나뭇잎 청춘은
못내 그리움이 되어
가지마다 목마르다가
낙엽이 되었다지

가을의 기도

가을바람에
지친 모든 것 내려놓게 하소서
아스라이 높은 하늘의 끝은 어디가 되나
그 너머는 무엇인가
이런 물음까지도 내려놓게 하소서
혼란스러운 꾸밈과 변칙과 거짓
교만이 부른 일들이 정신 번쩍 들도록
긴 밤 찬 서리로 덮어 누르게 하소서
동이 트면 경건의 빛나는 세상이 오고
겸손한 사람들과 그들의 집과, 거리의 사물이
세월의 길 위에서 평화롭게 하소서
산자락 외진 집
붉은 감나무에도 까치가 놀러 오게 하소서
홀로 사는 할머니의 친구가 되게 하소서
깊어가는 가을,
할머니도 까치도
항상 평화롭고 평온하길 기도합니다

2부

오늘 하루는

신록의 오월이 오면
오늘 하루는 그 그늘에 있고 싶다
문득 생각나는 사람과 함께 그늘에 있고 싶다
아카시아 흐드러진 굽이진 길이나
찔레꽃 환한 언덕이나
햇살 빤작이는 호수나
과수원 가는 시냇가나
마음에 오가는 추억의 기억과 함께
그늘에 있고 싶다
다 안아 들고 그늘에 숨어
지난날의 망설이고 머뭇거리던
이루지 못한 일들을 하나씩 꺼내어 보고 싶다
아무도 보지 못하게 깊은 그늘에 앉아
생각해봐도 기억나지 않는 것들은
죄다 강물에 흘려보내고
햇빛에 던져버리고
오늘 하루는
그냥 그 그늘에 있고 싶다

휴일 아침

동트는 숲 속에는
새들의 노랫소리
아침 해 방실방실
숲길로 들어서면

풋풋한 꿈의 자락에
두 팔 벌린
밝은 휴休

햇살 든 창가에는
바람의 노크 소리

열어주지 않아도
혼자서도 행복한

달콤한 꿈의 자락에
한 기지개
맑은 휴休

때로는

길을 가다가
낙엽 지는 가을에는
무슨 마음인지
잠깐 차를 세우고 싶어진다

아침에
문득
잘 차린 밥 대신에
맹물 국수가 먹고 싶다

늦은 밤
현관 앞에서
안에서 문이 열릴 때까지
어디냐고 전화라도 올 때까지
기다려보고 싶다

쉬어 가라 하네

콧속이 헐고 입술이 트던 날
아무 맛도 모르고 축 늘어지던 날
생각을 쓸어내도 밀려드는 위장된 것들
포장을 풀어봐도
욕심과 조바심 외에는 쉬이 말할 수 없는 것들
마음 바닥에 공룡의 뼈로 남아 있다
뼈의 살은 바람으로 떠도는데
어느 기억에서 돌아올 수 있을까
먼 데에 가서 한참을 털고 와도
마음속에 웅크린 공룡의 뼈
어디부터 그려야 하는지
찾아 헤맨 상상의 공룡
덮어두었던 책의 먼지를 털고
부록에 수록된 시와 음악을
몇 날 며칠을 듣다가 문득 생각난 것은
노래가 잘 되지 않는 까닭이
숨의 리듬이 고르지 못한 때문이라는 것
마음의 바닥엔
어느 기억과 상상으로 올 때까지
섬의 브레이크를 걸어두라 하네
미워도 바로 밉다 하지 말고

그리워도 바로 그립다 하지 말고
한 템포 쉬어라 하네
쉬어 가라 하네

방학기 放學期

기온이 뚝 떨어지던 날
생각 하나 번쩍 뇌리를 스치다
얼음판 위에 팽이가 돌아가고
개울은 바닥까지 얼어 치솟고
개울가 갯버들 발이 시리다
숙제도 잊은 하루는 그렇게 지나가고 있었지
방학은 노는 것이란 생각이
지금도 몸에 배어 굳어진 것일까
창작의 어려움을 고민하다가
충전이라도 해보자고

머리맡에 놓아둔 사마천의 사기, 유협의 문심조룡도
접은 페이지에서 며칠째 멈춰 있는데
이번 주에는 시 한 편 꼭 써야지 하고
마음만 다진다

겨울 슬럼프

아홉 점 접바둑으로 호선에 이르기까지
상승선이 갑자기 멈추었다
그 어느 날
얼기설기한 그늘로 햇빛 한 줄기 목덜미에 닿을 때
한참을 멍하여 바둑판을 접었다
무위도식의 나날
밤의 길이가 길어지는 어둠의 지평 속에서 의문 하나 상상이 되고
동지를 지나도 밤의 길이가 길어지기만 하면 어떻게 되나
시 쓰기 노트 위로 신문이 수북하다
무엇이 이 겨울에 망설이게 하나
어느 핑계가 동짓날 밤의 길이를 붙잡고 춤을 추나
침대에 엎드려 지개야 스님의 책을 읽고
또 프랑스적인 삶을 퐁피두까지 읽고 덮는다
신년 전야에 뒤척이던 갈등
일요일 새해에 교회에서 예배를 본다 자책하라 한다
상상을 핑계를 자책하라 한다 용서하라 하신다
길어지는 밤의 길이가 그치지 않으면 어떻게 되나
그 상상을 지우라 한다
호선의 그날을 기억하며 흑돌의 용기를 생각한다
다시 시작이다 겨울이 가기 전에

시와 세레나데

새벽길
동지를 지나 며칠은 이르게 밝아온다
길옆 주유기의 노란 선이 조금씩 또렷하고
학교 앞 표지도 어제보다 또렷하고
해안으로 내려가는 길
뒷산 큰 그늘이 아직은 무거운 아침
창창한 숲과 바위와 나무가
맨몸으로 기지개를 켜고 있다
먼동이 열어준 길 따라
맨스필드의 시 그리운 바다를 들으며
나는 일터로 간다

텅 빈 들을 끼고 돌아오는 길
어둠도 이제 더딘 걸 느끼지만
이미 불 켜진 집 몇이 보인다
큰 산은 저녁의 울타리를 치며
지는 해를 쫓아 자락의 길을 열어주지만
해는 산 너머로 차의 속도보다 먼저 숨어버렸다
전조등이 숲과 바위와 나무를 감아 비출 때
저녁 바람은 바다를 향하여 내리고
낮은 하늘에 별 하나 둘 보인다

모차르트의 세레나데와 함께
시가지가 보이는 언덕에 이르면
모두들 집으로 돌아오는 분주한 저녁이다
아직 차 안에 세레나데가 흐르고
나는 집으로 온다

겹쳐진다

오늘을 충실하게 살자
어제 일에 너무 매이지 말고
내일의 일을 지레 걱정하지 말자
책이나 매스컴에서도 보고
친구나 지인들에게서도 듣는 말
또 내가 그들에게 하기도 했던 말
새벽을 깨우는 새들의 노래
포구를 떠나가는 배
동녘 아침이 눈부신
언제나 그렇듯 하루의 시작이다

기필코 오늘에 최선을 다하리라
다짐하는데
어제의 일이 떠오르고
내일의 일도 스쳐 지난다
이내 오늘이 어수선하다
어제와 내일을 떨쳐내려 먼 데를 본다
먼 데가 겹쳐온다
산과 하늘이 겹치고 바다와 땅이 겹친다
오늘 하루가
어제의 것 내일의 것으로
또 겹쳐진다

제삼의 방

삼복을 이은 열대야에 방 세 개를 닫고 연다
그늘 없이 달구어진 철근콘크리트 아파트
나의 거실은 제일의 방으로 현관 안팎의 온도가 같다
열기에 지친 선풍기가 아직도 돌고 에어컨은 입 벌린 채 멈춰 있다
오늘은 중복, 부엌에는 압력솥이 인삼밭 흙냄새를 토해내고 있다
티브이는 전기료 폭탄, 감면 감액을 말하지만 정해진 것이 없다

큰방이라 부르는 제이의 방에 든다
벽걸이 에어컨을 이십육 도에 맞추고 선풍기를 켠다
정글 속 어둠의 깊이만큼 눈꺼풀이 무겁다
모기 떼 생각에 망설이다가 결국은 현관을 나선다
닫은 방문을 열 때마다 더딘 생각
방에서 방으로 이동하는 것, 좁은 나들목이다
오늘은 산에서 바다로 밤바람이 불까
자정을 넘어 그 바람을 찾아간다
인라인스케이트장 불빛에 나뭇잎도 축축하다
옹벽 위 철조망은 달빛을 머금은 채 방의 경계를 긋고 있다
가만히 걸어본다
저쪽에 앞서 걷는 이가 보인다
아파트 사이 공간, 나의 제삼의 방에도 바람 한 점 없다

광장에는 길이 있었다

도읍은 크고
광장에는 길이 있었다
길 위에는 사람들이 바쁘다
새벽을 나선 사람들이
길 위의 하루를 지쳐서 간다
터널을 지나 플랫폼에 서면
식당이 있고 편의점이 있고
할인 도서 판매대가 있다
마키아벨리의 군주론이 보인다
모두 스쳐 지난다
신문 하나를 집어서 편다
울타리 안은 무엇이었을까
사진 한 컷을 본다

도읍은 크고
광장에는 길이 있었다
길 위의 사람들이 바쁘다
밤을 지새운 사람들이
길 위로 하루를 지쳐 오는데
경보음이 졸음을 깨운다
벽을 스치는 불빛 물결

신문의 잔영이 흩어진다
터널의 끝, 길과 플랫폼에
광장을 여는 깃발이 올랐다
단비 내리는 소리에
밖을 내다본다

망설임

여태
나에게 나를 물어보지 못한 건
내가 너무 진지해질까 하는
두려움 때문인지 모른다

별 하나 사라지고
또 한 별이 멀어간 밤
별 너머는 무엇인지
물어보지 못한 건
하늘이 너무 진지해질까 하는
두려움 때문인지 모른다

오늘
나에게 나를 물어보지 못한 건
내가 너무 진지해질까 하는
두려움 때문인지 모른다

그대 맘 사이마다

갈증을 축여 내리는 비
생각들을 노크하는 소생의 시간들
새벽을 도닥이던 당신의 위로를 생각합니다
기다리라 하던 바람은 지나갔어도
이제 가슴 여는 곳곳은 그때의 모습이고
더뎌지는 길 위에서 늘어난 낮의 길이만큼 서봅니다
여기저기 바라보며 멈출 때마다
문득 떠오르는 당신의 그 위로들
이제 내 맘속에서 꺼내어 전하고 싶어요
산허리 고운 오리나무 잎눈에게
아직은 발 시린 시냇가 버들에게
버들치에게 물이끼에게 개구리에게
물결 잔잔한 가막만 소호를 바라보는 날은
그 언덕길 개나리 목련에게도 말해주고 싶습니다
제주 우도 유채꽃에게
남녘 바람에게
그곳에 놀러 간 딸아이에게
돌산도 평사리 군내리 굽이진 길섶에게도
미소 짓는 그대들, 그대 맘 사이마다
모든 봄의 희망찬 로드맵에게
이제 다시 봄이오
그간의 기다림을 위로하고 싶습니다

참으로 알 수가 없네

모처럼 고향의 길을 걸어본다
간선이긴 하나 잘 다듬어진 포도鋪道
어릴 적에 어른들을 따라 신작로라고 불렀고
때론 한길이라고도 했다
하루에 버스 두 대가 올라가고 또 내려가던 길
길가 질경이는 흙먼지에 눈을 비비고
여름 한곳길은 종아리 따갑도록 길바닥이 더웠다
온 마을이 분주한 가을이 오면
코스모스 길 너머 들녘은 금빛 물결로 일렁이고
허수아비 맴도는 잠자리 떼 고왔다
길을 따라 고개 하나 넘으면 봄 소풍 갔던
조문국召文國 왕릉이 있고
아름드리 느티나무 한 그루도 있었다
이 길이 언제부터 길이었을까
아주 먼 옛날에
위 천으로 흐르는 메기 떼 풀숲이었을까
조문국을 열던 몇몇이 지나 오른 시냇가였을까
그 이전에
어쩌다 사람 하나 지나고
되돌아오고 하다가 길이 되었을까
참으로 알 수가 없네

소달구지 지나고 달빛 훤하던 그 길이
지금은 포도
베트남에서 시집온 일산댁 며느리
자전거에 두렁콩 단을 싣고 지나며
"안녕하세요" 인사를 한다

닿아 있네

숲은 하늘에 닿아 있고
하늘은 숲에 닿아 있네
바다는 기슭에 닿아 있고
배는 파도 위에 떠 있네
어둠은 아침에 닿아 있고
새벽은 문 앞에 와 있네

햇살은 하늘에 닿아 있고
하늘은 햇살에 닿아 있네

그리운 이여
물안개 피어오르던 강
우리 서로 마주 보았지
서로 닿아 있었지

그리운 이여
오늘 내 마음은
그 강에 가 있네
그 강가에 닿아 있네

숲에게 나무에게

숲을 보다가
내 마음 숲에 가서
봄에 잠시 미움이 있었다고
숲에게 나무에게 말해보네
붉은 꽃이여
분칠하여 붉은 꽃이여
들불처럼 번지던 봄의 꽃이여
나는 민얼굴 청순한
희고 고운 손짓에 이끌렸네

꽃 진 자리는
그 흔적마저 희미하네
푸른 숲이여 나무여
신록의 바다여
꽃은 이제 연둣빛 숲 물결이 되었네
붉은 꽃이여
화창한 봄날 분칠의 허상이
너에 대한 미움이 되어
잠시 내 안에 갇히었던 거네
미안하네

가을바람

물 푸른 잎들이 바람을 맞고 있다
강 따라 다리 건너
남은 갈증도 씻어버리고
가벼이 갈잎이 되는 바람을 맞고 있다

바람이
언덕 지나 골목 돌아
방 안으로 들어와
유랑의 얘기 풀어놓을 때
말갈 땅에서 들은 동호 이야기
알래스카 빙하 곰 이야기
이야기 속에 끄덕이다 동이 튼다

아침은 티 없는 하늘이다
갈잎의 나무들 어깨 그늘 벤치에 앉아
물 푸른 잎들을 바라보는 유랑의 기억
추억해보니 그리움이다
갈잎으로 가벼워지는 모든 것
그리움이다

일렁이다

달의 맑은 빛이 넘쳐흘러
능선에 길을 내고 개울을 깨우고 동구를 쓸고
탱자나무 담장 안 마당에서 노는데
새벽이 오다
비워낸 빛으로 성터 돌 틈을 채우고
비탈을 타고 다리 건너 쉬다가
남은 빛 모아 새벽을 열다
가을 저녁달의 강은
둑으로 차오른 빛을 그대로 흘려
잠자던 개울까지 깨우다
온 동네가 빛의 강으로
일렁이다

유월의 기억

달빛이 바다에 내리면
파랑波浪은 고운 빛을
기슭으로 실어 오네
기억 한 자락을 실어 오네

달빛이 들에 내리면
그 고운 빛은 맥랑麥浪의 바다네
흔들리는 이랑 사이 마른 흙 내음
종다리는 둥지를 보듬고
먼 불빛 원두막 바람을 흔들며
푸른 바다를 저어 오네

달빛 바다에
내 마음 그리움 이네
맥랑의 푸른 기슭
바람으로 오르는 언덕
자두가 익어가네
풋풋한 향기 달빛에 흩어지는
유월이네

솔롱고스

먼 이야기
언제나 변방이었다지
여긴 벌판이었고
거긴 강이고 개펄이었다지
땅이 터져 솟아오른 뒤 산이라 불렀고
돌칼의 능선에서 갈라서
언 땅을 지나 벌판으로 가고
강 건너 개펄로 가고
늘 그리웠지
그러했지
벌판에 스며온 이야기
한 아이가 말하네
가보고 싶다
솔롱고스
봄이면 살구꽃이 핀다지
안개 오른 무지개도 보인다지

3부

그것뿐이랴

호수 같다
강 같다
봄 바다에 놀러 와서
소호를 본 친구들의 탄성이다
고요한 바다
떠가는 배
경치 좋은 데 살아서 부럽단다

그것뿐이랴
달도 있고 별도 있고
술도 있단다
한잔하는 날
홀로 밤바다를 걷다 보면
노래 한 가락 절로 되지
돌아오다 멈춰 서면
시 한 수도 보인단다

창을 여네

나의 창은 남쪽을 바라보네
바다가 보이는 남쪽으로 나 있네
창을 여네
창밖의 풍경이 정겹네
이국정취 물씬거리는 집들이 있고
길 건너 파도 찰랑이는 바다가 있네
사람들은 이 바다를 소호라 부르고
먼 데까지를 가막만이라 하네
입하立夏의 아침에
늘어선 붉은 지붕들이 눈부시네
지붕의 숲이 그늘로 반원을 그리고 있네
이 바다에 얼마나 많은 배가 오갔을까
별똥별이 소나기처럼 내린 적도 있었을까
공룡의 무리가 살았을까 지나갔을까
사랑의 노래 그 그리움은 얼마나 될까
문득 생각 하나 나네
이 바다를 펼치면
저 먼 시드니 오페라하우스 앞에도
나폴리 찰랑이는 물결에도 닿겠네
파도로 바람으로 닿겠네
아득하지만 분명할 것이네

창가에 들려오는 소리 하나 있네
물살에 실리고 동남풍에 실리고
섬을 건너고 수로를 지나는 소리
하늬바람으로 오는 소리
거문도 술비소리네
입하의 아침
붉은 지붕 위로 나무숲 그늘 아래로
드나드는 새의 무리 보이네
새들은 지저귀고 그 소리 한 움큼씩
창으로 들어오네

가막만의 아침

가막만에 아침이 열리고 있다
수평선을 열고 섬의 기슭을 열어
돌산도 산릉선을 타고 넘은 햇살이
고운 빛을 담아
잔잔한 바다를 깨우고 있다
물결을 흔드는 아침 햇살은
호수 같은 바다를 채우고
안심산 자락까지 보폭을 넓혔다
아침 바다의 배 몇 척 물살을 가르고
수면을 차고 오르는 숭어 떼
바다의 숲 속 벤치가 있다
사람들이 만나고 인사하고 말을 건네고
정박한 배 일렬의 깃발이 햇살을 흔든다
아침 창을 여는 소리 새들의 노래
건너편 예울마루 오르는 언덕길이 보인다
고운 빛 반짝이는 물결이
바다 저쪽 신월에 닿아
해안의 경계를 여는 사이
돌산도 산릉선이 선명해지고
바다 가득 훤해지는
아침이 열리고 있다

농월정에서

햇살 쏟아지는 계곡의 물소리 청아하다
너럭바위 얕은 골에 발을 담근다
해와 달과 비구름과 물소리 바람 소리
새들의 둥지와 오소리 너구리 다람쥐의 산
형설지공의 꿈을 꾸던 뉘 집 도령이나
녹음방초에 숨은 이웃 낭자의 바람이거나
첫길을 트던 선조들의 고된 숨소리에 이은
낙향한 선비 어른의 친교이거나
수학하는 동량들의 청량한 언중으로
관습을 고치거나 편견을 쪼개는 문답이거나
다툼이거나 화해이거나
달빛 몰래 숨은 열정의 로맨스이거나
한 세대 또 한 세대로 천년이 이어지는
화전놀이 천렵의 휴식이거나
산속 깊은 새와 짐승들의 동구거나
계곡의 물소리에 깃든 오수이거나

휴식 중의
농월정은 저녁달을 기다린다

우포늪에서

오후의 호수에 넘치는 햇살이 풍요로웠다

나무와 둑과 풀잎, 호수 건너 낮은 산
멀리 보이는 마을들
물속에 잠긴 가을 하늘은 구름도 맑다
늪 어디쯤일까, 심장 소리 들리고
바람 소리로 이는 맥박이 있었다
천년의 붉은 피가 돌아가는 곳
갈잎 고인 웅덩이와 나루터
물 깊이 숨은 물고기의 집까지
여기 저기 닿아 호흡하고 있었다
여태 안부가 궁금하였던
흙섬 위의 철새들을 망원경으로 만났다
새들의 날개 속에 품은,

남쪽의 새벽 강과
시베리아의 긴 겨울을 물어보며
숨 쉬며 이어지는 먼 생명의 섭리에
경건해졌다

금오도 풍경

남면 유송리 28세대
대부산 능선 길 걸으며 메모를 한다
"죄다 적을 건가요
핸드폰에 담아도 될 텐데"
등 뒤에서 들리는 아내의 소리다
웃으며 건네는 자판기 커피 한 잔
아내의 관심이 향기로 오르고
사진은 한 줄의 언어가 된다
포구가 펼치는 산의 끝자락은
바다로 미끄러져 있다
옛이야기 풀어내는 해송 몇 그루 사이사이로
낮은 집들이 앉아 있고
나무 바위 풀들은 부풀고 번지며
울타리를 걷어내고 한 식구로 다가섰다
햇살로 찰랑이는 구슬 물결이
해안으로 밀려오는 직포는
한 폭의 그림이 되고 있다

소호의 봄

소호6길 36
언덕에서 남쪽 바람을 만나다
바다에 머물던 바람이
소호 언덕을 오르고 있다

이미 핀 꽃 몇 송이 시샘하여
요 며칠은 찬 바람 내려와
나뭇가지며 마른 풀을 흔들어
온 동네가 시끄러웠다

바람은 천천히
동네를 기웃거리며 돌아다닌다
산자락에 든 바람은
오리나무 잎눈을 틔운다
나무들 기지개 켜는 소리,
톡톡 눈뜨는 소리 들린다
언덕에서 길에서 들린다

소호6길 36,
언덕 바람의 숨에는
봄의 단내가 난다

옛얘기 그대로네

봄이 연 산속에 들어
계곡 사이 구불한 길을 가보네
길이 나기 전에는 어떻게 다녔을까
길옆 보이는 행초行草 같은 개울은
어느 산 어디에서부터 스며들어
여기까지 흘러왔을까
흐르다가 느릿한 시냇가 둑 따라
수양버들 꽃 그림자가 물결에 유유하네
용추폭포 물소리가 참으로 맑고
폭포를 벗한 노송의 그늘 아래
가지 빈 나무들도 잎눈을 뜨고 있네
수승대의 천년을 바라보는
누각樓閣을 감아드는 물안개 진달래 산
선인先人들의 청춘靑春이었거나
소추素秋 객야客夜였거나
계곡의 물소리 바람 소리 그대로고
누정의 옛얘기 그대로네

옥룡계곡에서

한여름이 산자락에 머물 때
물빛 고운 계곡에 손을 담그면
계곡은 고향 그리는 친구의 마음 같고
호박 넝쿨 울울한 어머니의 채마밭 같다

산이 높고 깊어
그 속 깊이 이르지 못하지만
어느 데는 짐승이나 새들의 마을이 있고
쉼터가 있고
어느 데는 한 무리 숨는 곳도 있을 것 같다

뭇 산이 그러하듯
나무와 숲 사이로 난 물길이
웅덩이를 채워 넘어 계곡이 되었다

해거름에 새들도 돌아가고
달 그늘 속에서 고운 별이 내려
계곡은 별천지가 된다

아침이 오면
새들의 노랫소리 숲을 흔들고

숲 사이로 드는 햇살
사슴 한 마리 풀 이슬로 이마를 닦고
물안개 이는 계곡을 건너간다

소항을 가보다

이천육백만의 상해는
동방명주 꼭대기에서 내려다보면
황포강 건너 빌딩 숲이 하늘에 닿았다
항주로 가는 밤 고속도로
입새까지 산 하나 없는 평지다
가끔 어느 동네의 폭죽이 하늘로 오르고
하얀 달 위를 줄 구름이 흐르고 있었다
새의 노래로 열리는 항주의 아침
서호에서 바라보는 낮은 산하가 곱다
소동파의 사랑이 긴 둑으로 이어져
서호에 시와 그림을 담아두고
언제나 같은 마음의 문을 열어
화창한 날 비 오는 날 안개 낀 날 눈 내리는 날
이어지는 발길이 서호를 찾고 있었다
수로가 길이 된 소주의 뒤란
당송 옛 거리가 눈에 익어 정겹다
붉은 등으로 이어진 골목 시장
가물치 미꾸라지가 보인다
온갖 과일에 망고도 무더기로 있다
수로를 따라 마을로 오르는 계단이 있고
물을 긷고 빨래도 한다

뱃전으로 오르는 물 냄새를 맡으며
오월동주吳越同舟를 그려보았다

장흥 기산에서

관서별곡으로 장흥의 서정을 열던 날
문객들이 만나 전원가사의 멋을 되새길 때
기행은 쨍쨍한 날씨로 열기를 더하였다
장흥의 풍광이 아름답고 새롭다
노령 소백의 여맥에서 산은 높고 웅장한데
능선과 자락으로 잇는 자태가 부드럽다
깊은 계곡은 곳곳마다 개울을 트고
강과 강으로 만나는 사이
서원 향교 누정樓亭에서 지난 사림士林의 발흥을 본다
도포 자락 휘날리며 누정을 오가고
일터가 파하면 서원 향교에 모였으리라
가단歌壇의 풍류가 이 울타리를 넓혔으리라
고택 앞 정원 연못은 고요하고
그 둘레 배롱나무 연리지가 정겹다
여닫이 해변은 남으로 열려 파도를 부르고
소나무 후박나무 팽나무 나란한 사이
해당화 열매가 곱다
관서별곡으로 이어온 세월의 흥이
여닫이 바람으로 맨부커에 닿았다
바다는 자꾸만 먼 데의 소리를 끌어오고 있다
맨부커의 장흥에 르네상스를 여는 소리

작열하는 태양 반짝이는 바다
팔 벌려 노래하는 열린 가슴
해안을 노크하는 파도 소리가
글로벌 글로벌로 들린다

열대야

바람이 코앞에서 멎었다
새소리는 숲 속으로 잠기고
창으로 통하는 바깥바람도 멎었다
밤은 열기를 가두어 깊어간다
울타리가 견고하여 벗어날 수가 없다
어둠의 적막 속에 갇히는 것
어른거리는 지난날들을 불러
기억의 볼륨을 올려보면 좀 나아질까
한낮의 열기를 만들어 저장하던 거기
교정의 울타리 측백나무가 울울하여
운동장 열기를 가두어버렸지
좁은 대합실의 열차 시간은 더디고
짐에는 축축한 엉겅퀴 가시 돋았지
건기의 사바나 그 초입 같은
신작로 자갈길이 바퀴에 패고
질경이의 먼지 이마가 답답했지
더운 열기가 제 뜸에 지쳐 멈추었다
심장마다 경고등을 켜둔 채로
신발은 흐르는 땀에 질퍽이며
걸음의 저린 무게로 바닥을 끌었지
절절거리는 도랑물조차도 미지근했지

고향의 밤, 달빛에 기댄 느티나무 늘어지고
동구의 풀잎들 젖은 빨래가 되면
벗어던지고 싶은 속의 것들이 있었지
토하고 싶은 안의 것들이 있었지
도회의 열, 속 젖은 여인의 브래지어 끈이
멎은 바람의 선으로 드러나 선명했지
엎드려도 끈적이는 바다 세상이 뒤척이나 보다
등 뒤에는 엉겅퀴 가시가 부채질한다
돌아눕지 못한다

떠도는 허물

지난 삶은 긴장으로
마당 한켠 돌아볼 여유 없었다
구석은 비어 있었고
담을 낮추어보자는 생각이
가슴에 남아
내 안에 떠돌다가
차츰 침전되어 굳어버렸다
책상머리에 걸었던 꿈
에머슨의 성공이란 무엇인가
아직은 실천할 일이 더 많다
예이츠의 이니스프리섬은
소호의 바다에 머물러 있다
집으로 오는 늦은 밤
고철이 되고 폐지가 되어 있는
쓰레기 수집장에서 본
벗어던진 허물
내 꿈도 이처럼 위조되어
내 안의 한구석에 던져져 있었구나
벗어도 달라붙는 떠도는 허물이
낮은 담조차 넘지 못하고 있다

알마티 동네

카자흐스탄 알마티 동네에
크리스마스 조명이 켜지고
흰 눈 수북한 나무는 황금빛이고 푸르다
그 길을 걷는 사람들은
마음 깊이 경의의 날개를 달고
황금빛 푸른 가로수를 지나며
광장의 어두운 그늘이거나
바람의 숲 언덕의 호숫가이거나
서로 우애를 노래하며 걷는다
흰 눈이 소록소록 내리는 밤
집마다 밝히는 불빛이 곱고
걸어도 멈춰도 지치지 않는
크리스마스 겨울의 긴 밤을
삶을 노래하고 기도하며 걷고 있다
신비한 산과 들의 나라
선조님의 가을 허수아비는
논밭이나 숲 속 트인 길가에서
눈 속에 펄럭이고 있었다
크리스마스 조명이 빛나서 좋은 곳
나는 아직 알마티에 가보지 않았어도
거기 크리스마스가 보기 좋다

길

추석의 달은 구름 너머 뜨고
가로등 불빛이 저녁 바다를 열고 있다
달의 바다 소호에 그 위를 걷는 새 길이 생겼다
여름내 부산하던 그 길에 오늘은 더 많은 사람들이 모였다
닮은 얼굴들이 정겹게 얘기를 나누며 그 길을 걷는다
걸음걸음이 즐겁다

낮달

병신년丙申年 동지冬至의 아침
하늘 높이 잠 못 든 낮달이 떴다
속이 빈 달
산속 까치는 무서리 속의 달그림자를 쪼고
나무 사이 스미는 하늘은 물빛이다
바람도 물빛이다

낮달 저 너머에 보이는 건
언 땅 위 파당派黨의 겨울 더위다
육지이며 바다였던 개펄의 깊이만큼
오늘은 그 경계로 출렁인다

기슭으로 걸으며
춘망春望*을 읊조린다
아침의 낮달 안에서
나무 사이로 소롯한 풀잎을 본다

* 두보의 시.

환풍기

물통에 담근 환풍기 날개 등에
지난 이야기가 포개져 있다
쉼 없이 돌던 현기증이 가시고
하나 둘 그 기억을 녹여낼 때
누적된 처방 같은 회의록과
사이사이에 둘만의 대화까지도 쌓여 있다
나지막한 나에 대한 이야기는
칭찬인지 흉인지 소리만 들릴 뿐 의미를 알 수 없다
바깥은 하늘이 높고
언덕으로 새 바람이 오고 있으니
이제부터 모두 내다 버렸으면 한다
때 묻지 않게

4부

바닷가에서

뉘 고운 물음을 떠올리며
생각 하나 다듬는데
파도가 쓸어가 버리고
그 생각의 꼬리를 찾아 이으려면
또 파도가 쓸어가 버린다
해서는 안 되는 생각인가 싶어 지우려 하면
파도가 다시 꺼내 보이곤
이내 쓸어가 버린다
파도의 거품이 된다

생각은 끝내 흔들고 마는 것인가

은행나무 곁에서

산책로 은행잎이 샛노랗다
육천오백만 년 전 공룡 발자국 깊은 쉼터에서
빈 들의 허허한 바람으로 깨어나
깨진 껍질 사이로 창을 열고
비바람 쏟아지고 번개 치던 날
강가에서 들에서 눈을 뜨고
흙에 씻기고 다시 흙으로 돌아와
산책로 언덕에 샛노랗게 서 있다
노란 잎이 되는 건
식지 않은 천년의 숨소리일까
얼마나 더 시간이 흘러야
푸른 벌판에 울울하던
그 기억으로 돌아올까
공룡 마을 건너 거기에서
늘 푸른 잎이었던 그대는,

어느 길의 밤 풍경

개울에 다리가 놓이고
한길 위로 아스팔트가 깔린 뒤
저녁 짙은 어둠 속 달이 떠오르면
길은 한 줄기 빛의 강이 되었다
너구리 슬며시 그 길에 다가설 때
건넛산 노루 사슴도 그 길에 오고 있었다
길을 넘나들며 살아온 산속 족속들이
북적대고 흥겹던 가을을 지켜오다가
어느 날 곳간으로 가버린 들녘
훔쳐보던 푸른 잎줄기도
두렁콩 닿은 바닥 흙냄새도
가지 위 흔적으로 어른거릴 뿐이다
멧돼지 한 무리 길 위로 턱을 걸다가
들판 너머 빈 끄트머리 보이자
산속 깊이 돌아간다
길갓집을 기웃대던 산토끼도
달빛 마당 지나 돌담길을 돌아간다

나무에게 물어보네

가을바람이 창을 두드리면
내 마음 달빛 내리는 숲으로 가네
숲의 파사드 그 나무에게로 가네
한참을 머물다 나무에게 물어보네
이제 너의 잎이 시들고 나면
세상의 소식은 무엇으로 들을 건지
잎 진 자리 눈 닫으면 어떻게 볼 건지
밤낮이라도 구분할 수는 있는 건지

너의 잎이 우수수 떨어질 때
꽃잎 분분하던 봄과
신록의 눈부심 그 팡파르와
폭염 열대야의 추억에 스쳐 떨어질 때
빈 가지에 남을 추억의 부피는 얼마나 되나
땅속뿌리까지의 기억의 깊이는 얼마나 되나
너의 발아래
씨앗 몇 개 품을 작은 구덩이와
구덩이를 덮을 포쇄한 몇 잎과
낙엽 쌓일 공간이 있었다는 것
그 기억들을 얼마나 해낼 수 있는 거니
잎 진 자리 그 흔적 위로

웅웅거리는 것
바람이라 느낄 수 있는 거니

나비의 행방

며칠 비 내리고
소나기 오고 강풍이 불고 난 뒤
바닥에 볕이 들고 좁은 길도 드러나고
담장 경사진 회양목 엉킨 거미줄의
물방울이 눈부시던 아침
고양이 한 마리 사무실 곁에 다가왔다
아주 조그마한 녀석이 왔다
다가가면 도망가고 물러서면 다가오고
그렇게 한 달여 지내며
우리는 그냥 "나비야"라고 불렀다
몇몇은 먹을 것을 챙겨주고
몇몇은 쫓아내야 한다며 분분할 때
좀 더 다가서니 다리에 상처가 보인다
약이라도 발라주려고 붙잡으려 해도
그 거리를 좁히질 못했다
누가 몰래 잡아버린 건지
상처는 아문 건지
보이질 않는다

소설에 내리는 비

소설에 내리는 비가 치런치런하다
소설에는 첫눈을 기다리지만
올해는 비가 내린다
산자락을 잘라 길을 내고
고층 아파트를 올리고 있는 변두리 마을에는
대낮에도 산짐승이 보인다는데
길가까지 와서 서성이곤 한다는데,
도심의 가로등이 켜질 때
무 배추를 실은 트럭이 언덕을 내려가고
아파트 공사장 일손도 집으로 가고
노루 토끼 다람쥐가 넝쿨 숲으로 돌아간
언덕길에
소설의 비가 내린다

바람의 진술

수레바퀴 흙먼지가 들풀 위로 날리고
별빛이 내리고
바람과 비와 이슬이 내리고
이름 모를 꽃도 피고 지고
창을 열면 너끈한 하늘 나무 숲길이었지
프로메테우스의 불의 세상이 열리고
새 세상으로 열리고
분노와 슬픔의 입김이 고인 웅덩이를
넘쳐흐르는 마그마의 강은
은하의 빛으로 흐르는데
울타리를 열어도 숨 막히는 끝자락
심장이 터질 것 같은 갈증이다
한낮이나 달빛 훤한 밤이나
쉬이 창을 열 수 없어 무거워지는 바깥
수레바퀴의 흔적을 덮은 숲 근처
나는 지금
오리무중에 있다

구름아

너와 걷던 산책길
오늘은 나 혼자 걷다가
늘 쉬어 가던 벤치 곁에 선다
발 앞에 아른거리는 구름아
길가 나무들 잎눈이 트고
들풀도 성큼 돋았는데
이 봄 견디지 못하고 가버리다니
씩씩하게 목줄을 당겨 앞서가고
소파며 거실 바닥을 뛰고 내달리며
한껏 재롱도 떨던 너

네가 아프던 지난 며칠
산책길 풍경과 함께한 기억들
풀잎, 바람, 꽃, 바다,
그리고 몇 개의 봄가을이
너의 아픔에 스며들었다
지우려고 애써도
자꾸만 떠오르는 남은 단어 하나
세월은 너의 열다섯 해였고
나에게는 가슴이 아린 봄이다

길을 걷다가

나무숲에게
일이 있어서 이제 왔다 했다
익숙한 사계의 길
여느 때는 그곳에 오래 있었지
이제 나무숲은 다 벗은 채
빈 가지로 바라보고 있다
바닥까지 바람이 쓸어 간 자리
어지럼 같은 햇살 들어와
줄 그림을 쏟으면
산릉선이 비스듬히 기대고
그 사이 바람이 채우고 있다

나무숲 사이
햇빛은 속살까지 시려도
담벼락 같은 기다림이 있다 했다
숨기고 싶은 벗어버린 것은
감출 데가 없는데
어떻게 되나
올겨울은 눈이 오지 않았지
여긴 아직 눈이 오지 않았지
때를 잊어버린 건가

길가로 내린 햇살
그 위에 바람이 머물고 있다

겨울나무

길을 가다 숲을 본다
차창을 때리는 건성의 바람
공룡의 등 같은 능선이 포개어 기댄 채
겨울나무 숲의 이불을 덮고 꾸벅꾸벅 졸고 있는데
겨울 숲은
어느 한때는 소수림이었으리라
경적 소리 하나 없는 소수림이었으리라
끼리끼리 기대어온 삶의 시간 속에
숲은
빈 가지로 넝쿨이 되고 창이 되었으리라
얼기설기한 창 사이로 드는 햇살의 온기가
창창한 가락이 되어 숲 속으로 내릴 때
숲은 더욱 고요했으리라
겨울나무 숲은
시방의 삶이 쉼이고 잠이라는 걸 알고
바람이 터준 길의 주소를 기억하려 했으리라
눈이 내리고 또 내리고 모두가 돌아오는 날까지
바람의 소리로
햇살의 온기로
남아 있었을 것이리라

칠월

삼복의 하늘이 인 구름의 무게만큼
아침을 여는 바다 물빛도 먹먹하여
길 위로 뭉클거리는 뜨거운 숨 고이고

능소화 고운 자태 허공을 유혹하여
맑은 잎 포개어서 고개 든 가지마다
살포시 가슴을 열어 붉은 숨을 토하고

열대야 잠 못 들어 한참을 뒤척이다
읽던 책 펼쳐 들고 선풍기 불 밝히니
바람은 책장 흔들어 어른어른 졸린다

경칩의 나라

삭풍이 지난 자리
가지마다 아픈 멍이 든다
뒷산 개구리의 깊은 방으로
아침 햇살이 인사를 트고
연못가의 풀꽃들이
갈잎 찬 땅속 하품으로 눈을 비빈다
멍든 자리마다 피가 도는
기억의 저 소리는
가만가만 들어보면
강물 흐르는 소리다

성문을 나서는
겨울 군주의 무리가
산으로 들로 흩어지고
개구리 그리고 풀꽃들이
신기한 세상을 돌아보며
지난 기억 하나를 찾고 있다
이제 곧 함성으로 맞이할
봄의 군주를 위해
볕 드는 강가에 표지 하나 세우고
바람의 산에 풍선 하나 매단다

이미지 그리기

통합 문서
"좌에서 우로 선 한 줄 긋다"를 치다
선 위에 나무 하나 그리다
벤치 하나 그리다 놀이터가 되다
지금은 밤, 놀이터는 텅 비었다
그리다 만 그림이 되고 말았다

"좌에서 우로 선 한 줄 긋다"를 치다
위에 나란히 선 하나를 긋다
그 사이에 점 하나를 찍다
한 마리 새가 되다
지금은 밤, 새는 이미 둥지에 들었다
그리다 만 그림이 되고 말았다

시간은 흐르고
그리다 만 그림만 남았는데
머릿속에 맴도는 건
이미지다 그림이다

사랑은 동그라미였다

사랑은 동그라미였다
사람이 귀한 아주 먼 옛날에
이웃을 만나면 주저 없이 서로 안았다
껴안은 팔로 깍지 끼었다
동그라미였다
다시 만나자고 땅에 동그라미를 그렸다
그러자고 또 하나를 그렸다
허허벌판에서 벌거벗은 채로 그렸다
벌판은 한 줄의 선이었다
선을 긋다가 멈출 땐 강이었다
산이었다
선의 끝은 울타리였다
한 줄의 선 위에 동그라미를 그리고
따라서 또 하나를 그리고
천둥 치고 소나기 오는 날은
땅속에서 그려보고
해 솟는 아침엔
허허벌판에서 빈 깍지로 기다렸다
사랑은 동그라미였다

동그라미 그려보다

세종대왕께서 한글을 창제하실 제 닿소리 열네 가지 중에
이응을 주셨으니
ㅇ에는 울림이 살아 숨 쉬는 느낌이 있다
빙글빙글 돌고 있으니 정겹고 아름답다
이응은 동그라미다
시기 질투 분노에는 없는 동그라미가 애정 사랑에는 들어 있다
너 나에 없는 동그라미가 우리에게는 있다
남자에는 없지만 여자에는 있다
산에는 없지만 강에는 있다
산은 머물고 강은 흐른다
강물을 담는 바다
바다에는 없는 동그라미가 풍랑 태풍에는 있다
둥글다는 것은 먼 데서 보면 동그라미다
해가 둥글고
달이 둥글고
지구가 둥글다
반짝이는 무수한 별들도 모두 둥글지 싶다
아침 식탁의 접시도 동그라미다
밥그릇 국그릇도 동그랗다
우주는 둥글고 커다란 웅덩이지 싶다
그 안에 해와 달이 있고 지구가 있고 별들이 있다
동그라미가 움직이고 숨 쉬고 있다

바람의 넉살

증도 문학기행 못 간 걸 가지고 왜
그 바람에 못 갔다고 하십니까
며칠을 허당에다가 바람 그 바람에 하십니까
허당에는 바람이 없습니까
꽃잎을 흔들거나 물결을 여는 것이 바람입니다
달이 밝고 별이 성긴 것도 바람의 일입니다
밀양 가덕도 신공항 씨름이 막판에 이르고
브렉시트 찬반이 뒤척이는데
바람 한 줄 창가에 걸터앉아 허세를 부립니다
듣자 하니 애매한 게 거의 반입니다
처용을 임금에게 추천한 것도 바람입니다
치파오 자락 분분히 열어온 것도 바람입니다
피렌체에 사람의 세상을 연 것도
이니스프리에 홍방울새가 나는 것도 바람의 일입니다
다시 말하지만
과수원 댁 순이가 서울로 도망간 것은 바람의 일 아닙니다
산아 제한 바람이 방방곡곡 들썩거릴 때
줄줄이 낳은 게 누굽니까
망설이는 바람에 하다가
"가지 많은 나무에 바람 잘 날 없다" 빈말입니까
"앵두 따다 우물가의 동네 처녀 바람났네"

강 건너 소리입니까
청보리 찰랑거리는 물결로 울리는
수곡 스피커의 낭랑한 소리
베스트의 베스트 아니었습니까
순이가 서울로 간 것
약간 헷갈리긴 하지만 내가 한 일 아닐 겁니다
바람의 일 아닐 겁니다

5부

엄마의 강

포구에 닿은 강이다
그 강은 비를 받고 가뭄을 견디며
별 고운 기슭에서 꽃으로 살자 한다
나무에게 꽃을 바라며
입술을 축이던 날
기슭의 꽃잎 하나 품는다
잎눈이 곱던 봄에
기슭은 꽃으로 고왔지
어느 바람 부는 날
꽃잎 하나
가슴 태우는 바람이 되고
또 바람이 오면 사라지고
강은 눈물 그렁한 강변에 머문다
분분한 바람의 세월로 흐른 강
그 강의 여윈 독백이
포구로 흩어질 때
강은 조용히 다시 흐른다

어머니의 공책

구순을 바라보는 어머니
천자문을 베끼고 있다
한참 만에 다시 쓴다는데
하루에 한두 줄도 쓰고
한두 장도 쓰고
치매 예방에 좋다고 하며
누가 쓰길래
따라 써본 것이 여태까지네
공책이 세 권이네
다시 써보는데
글씨는 점점 못해지는 거제
어머니는 새 공책에
천지현황을 써놓고
천天 자를 바라보며
먼저 가신 아버지 생각하실까
치매 예방한다 생각하실까
모처럼 본가에 들러
어머니 공책에서
지난날을 읽는다

우수雨水 무렵

처마 밑 고드름이 종일 녹아내리고
해그늘 트인 마당이 질펀한 날
거름 터로 오르는 안개는 꿉꿉하고
조금씩 더워오는 어깨 사이
등이 근질거리고
고무신은 진흙으로 무겁다
물을 데우는 가마솥 아궁이에
오리목 곁가지 청솔의 연기가 매캐하여
연신 눈을 비벼대는데
할머니는 신에 묻은 흙을 털어주신다
연을 날리고 싶은데 무른 땅이 걱정이다
담 너머 밖을 내다본다
텅 빈 들녘과 강
아무도 없는데
기러기 떼, 뭇 새 떼만 날고 있다

아버지

공룡 화석처럼
가슴속에 살아 있는 그 이름 아버지
해 달 바람 눈 비를 맞으며
당신의 성城을 지키셨던 아버지

가장家長의 이름으로
벌판에서 지쳐 돌아온 저녁
온갖 숙제에 잠 못 이뤄도
새벽이 오면
성루城樓에 깃발 먼저 올리셨던 아버지

염려 마시라
편히 쉬시라
오늘 영천호국원에 와서 잔 한 잔 올리고
당신의 성
그 깃발을 가슴속에 펄럭이며 올려봅니다

찔레꽃

꽃을 노래하고
산자락 오리나무 잎눈을 노래할 때
사방은 녹음으로 번져가고 춘곤에 조는 사이 여름이 왔다
달이 훤한 밤바다가 보이는 낮은 언덕에서
하얀 찔레꽃 한 더미를 만났다
하도 고와서 찔레꽃 기억을 떠올리며 시작한 노래
유년의 집 뒤란의 찔레꽃 담장 큰길로 놀러 가신 할배
찔레나무 넝쿨 사이로 난 개구멍 삼촌들이 걸었던 언덕 지름길
오동나무 그늘 참봉댁 앞에서
퉁소 소리 들으며 할배요 하고 불렀지
여기까지 추억하다 만 찔레꽃 노래가 삼복더위까지 묻혀 있다가
천둥으로 내리는 빗소리로 깨어나던 날
장미 넝쿨 사이 그 찔레에게 가보았다
고왔던 꽃자리에 봉긋한 열매가 달려 있었다
어느 달이 훤한 밤 하얀 꽃 필 때 멈춘
네 노래를 다시 부르자 했다

아랫목

큰방 아랫목은 할머니의 자리였다
가을걷이가 끝나고 서리가 내리면서
할머니는 늘 아랫목에 계셨다
아랫목은 아기의 자리였다
할머니는 아침마다 아기랑 놀고 계셨다
아랫목은 길손의 자리였다
비단 장수나 미역 장수가 오는 날
할머니는 아랫목에서 한참을 듣고 묻고 웃으셨다
아랫목은 결정하는 자리였다
고모의 혼사나 송아지 파는 일이나
벼를 내는 일이 있을 때
어른들은 할머니의 아랫목에 둘러앉았다
비녀 머리의 어머니
단오절을 코앞에 둔 어느 해에
파마를 하고 싶어 며칠을 조르고 부탁해도
할머니의 꾸중만 더해지던 어느 날
할아버지 뜨락까지 오셔서
고만하라는 말씀 두고 가신 뒤
할머니가 말없이 나가시니 그게 허락이었다
모든 용돈은 할머니 바지춤에서 나왔고
새 학기에 받는 지폐 한 장은 따스하고 단내가 났다

나는 그런 할머니가 좋았다
아랫목이 좋았다

담장

우리 집으로
아침저녁마다 작은할아버지 기침 소리와
여물 냄새 코끝으로 넘어오는데
넘어가 볼 수 없는 높은 담이 있었다
담에 기댄 나무
대추나무 가지 작은집으로 넘어가고
감나무 가지 우리 집으로 넘어오던 곳
"담을 넘으면 도둑이 된다"는
할아버지 말씀에 누구도 거길 쉬이 넘지 못했다
정월 대보름날 이른 아침의 서리 길
작은집 거름 터에 짚단을 꽂고
풍년 들라고 외치는 일도
담을 돌아가야 했다
부엌이 보이는 뒤란 낮은 담에서는
할머니가 종숙모를 부르고
작은할머니가 어머니를 찾기도 하여
음식이나 소소한 이야기가 오갔다
밤의 담은 대추나무 감나무 벗 삼아
마당으로 내리는 달빛을 담고 있었다
빗물을 나누고 햇볕이 머문 자리
쉬이 넘지 않던 담장이었다

개울 옆

개울 옆
이장댁 뒷간은 똥물이 삭아 곱더라
깊은 구덩이는 찬 바람에 얼고 녹고
무서리 이른 아침에 똥 단지 달구지가
겨우내 엎드린 보리밭으로 가더라
짚 마개 축축하여 흘리며 가더라
싸한 냄새가 둑으로 개울가로 스미고
풀 보리 살포시 고개 저을 때
땅의 온기가 하늘로 오르더라
아지랑이로 오르더라
하늘 멀리 머물던 똥 바람이
흙냄새 그윽한 비로 내려
언 땅을 적셔 녹이고 있더라
길로 둑으로 엉긴 물길이 트이고
아침의 동녘은 푸른빛이더라
저 먼 데는 온통 눈이 부셔 희더라
담장과 길섶과 둑,
이장댁 뒷간으로
햇살 들고 있더라

고향의 강

티브이를 보다가 강 이야기가 나오면
어느 경계를 생각하고
서로를 건너는 것에 대해
스미고 흐르는 것에 대해 생각하다
끝내는 고향을 기억합니다
유년의 여름을 보내던 고향의 강
방천에 찰박거리는 물소리 정겹고
갯버들 허리춤에 송사리 피라미 버들치 숨바꼭질하고
강가 숲으로 뭇 새들이 들락거리고
보릿단을 튜브 삼아 헤엄치던 새까만 친구가 그리울 때
한없이 흐르고 흐르다
생각의 끝은 늘 고향의 강가에 닿지요

유년의 여름

처마 그늘이 마당에 그은 선에 닿으면
소 먹이러 갈 시간이다
동구로 모여든 아이와 소는 한 부대가 되어
개울 건너 민둥산으로 진군한다
함께 어깨 벌린 편대로 산을 오를 때
침 흘리며 씩씩대던 나의 황소가 사라졌다
또 탈영이다
황소를 쫓다가 지쳐 돌아온 나는
탈영에 대한 처벌을 생각하며
돌칼의 무딘 손으로 구덩이를 팠다
산새가 둥지 찾아 돌아오고
개구리가 숲을 찾아드는 해 질 녘이다
헤매던 황소는
돌아오는 편대에 슬쩍 끼어들고는
뒤처져 꿀꺽꿀꺽 물을 마신다
허기진 배를 맹물로 채우고
미안한 듯 나를 한 번 쳐다본다
소의 부대가 동구로 돌아오는 길
노을 위로 오르는 저녁연기 보인다
개울 건너면 본영이다
무더운 저녁이다

송진 냄새

가마솥에 여물이 익어가고
청솔의 송진 냄새가
방 안으로 스며드는 아랫목에
할아버지가 화롯불을 모으고 계시고
윗목 소반에는 댓 병 소주와 하얀 종지가
호롱불에 일렁이며 저녁상을 기다린다
나는 읽던 책을 덮어두고
할아버지 담뱃대를 소제한다
손에 묻은 댓진이 매캐하고 진득해도
칭찬을 들을 일에 참고 닦아낸다
"천자문은 그만하면 되었으니 책거리해야겠구나"
종손이라 한문을 잘해야 한다 하시고
일곱 살 손자의 머리를 쓰다듬어 주셨다
몇 해의 겨울이 다시 오고
가마솥 여물이 익어가고
송진 냄새 방으로 스며들고
한문과 의술에 밝으셨던 할아버지
삼촌이 읽어드리던 소설 이야기를
다 듣지 못하시고
마당 앞 해당화가 겨울을 이길 때
칠십구 세 동짓달에 돌아가셨다

호박전

가을비가 추적추적 내리면
할아버지는 알곡 영그는 들녘을 바라보며
마당을 오가시며 젖은 담뱃대만 뻐끔였지
학교에서 돌아온 나와 동생이
고무신 질퍽이면서 들어서는 마당은
여덟 살 여동생이 할매를 부르며 울음 터뜨렸지
닭들이 횃대 아래 모여 흙을 파고 놀다가
하나 둘 뜨락으로 모여들고
마루 밑 졸던 강아지도 꼬리를 흔들었지
들에서 돌아온 아버지와 아제의 우장이
헛간에 하나 둘 걸리면
송아지는 김 서린 우장에 코를 비비고
돼지도 울 말목을 기어오르며 꿀꿀거렸지
어머니의 부엌은 여태 더웠고
동솥에 콩과 밀이 튀는 소리도 더웠고
할머니가 걸레로 마루를 훔친 뒤
울먹이는 동생을 무릎에 앉히면
온 식구가 비를 털고 둘러 모였지
마루 가득히 온기가 있었지
볶은 콩과 밀과
노란 호박전이 참 맛있었지

다경가 多慶家

난향 스며드는 새벽
붓끝에 멈춘 생각 하나
장인어른을 향한 그리움입니다
딸네 집에 다니러 오셔서
사위가 올린 술 한잔 드시고
아이들도 돌아와 모인 어느 저녁
"蘭吐香滿 貴人訪 花笑迎客 多慶家"
집 안에 난 향기 가득할 제 귀한 이가 찾아오고
꽃이 웃으며 손님을 맞으니 경사가 많은 집이라,
한시 한 수 지어주셨지요
딸과 사위와 그 아이들까지
오순도순 그렇게 살라는 당부 말씀이란 걸 압니다
세월에 거르고 걸러도
내 마음 밑바닥에 저며 있는 말씀,
내 자식들과 그 아이들에게
언젠가는 딸아이 집에서 내가 읊어야 할 시
나를 일깨우는 난향입니다

나보다 꽃

아침에 아내는 베란다에 가 있다
소호가 내려다보이는 베란다는
아침 햇살에 눈이 부시고
아내는 그 햇살을 맞으며 화초를 돌본다
겨우내 방 안으로 들여놓은 화분이
베란다로 나온 뒤로 아내의 아침이 바쁘다
팔 남매의 여섯째로 육 남매의 맏이인 나를 만나
그간의 삶이 참으로 고단했던 여자
능화能花 씨

꽃을 좋아하는 여자
나보다 꽃
내가 던지는 장난의 별칭을 웃음으로 받아주는 여자
직접 씨 뿌려 꽃으로 피웠다는 군자란이
햇살 받아 더 고운 아침이다

기억력 찾기

아침에 안경이 보이질 않아
여기저기 둘 만한 데를 찾아도 없다
식탁 책상 탁자 방 안을 다 돌아봐도 없다
아내한테 부탁하고 헌 안경을 쓰고 나선다
내 방 침대 곁에서 찾았다는 문자를 받고
기억력이 떨어진 걸까 종일 찜찜하다
십팔번 노래 가사를 외어보니 되고
가끔 뇌어보는 시 몇 수도 외어지고
입동 소설 이십사절기도 기억난다
저녁에 혹시나 싶어 물어본다
내 방 침대 곁에서 찾았다고, 거참 이상하다
보통 안경을 식탁이나 탁자 위에 두는데
침대 곁에 있었다니
부엌에 있던 아내가 갑자기 빵 터졌다
사실은 당신 방이 아니라 자기 방에서 찾았단다
어제 성경책 좀 보려고
돋보기안경인 줄 알고 식탁에서 가져갔었는데
당신 안경이었더라고

단톡하다가 그냥 잠이 들었다고

치앙마이

아내가 딸아이랑 여행을 갔다
여행 삼 일 차, 토요일 아침 딸아이의 단톡이다
'아빠, 오늘 모해요?'
'오전엔 치과, 화초에 물 주기 신문 정리하기~'
'바쁘시네, 심심찮게 잘 지내셔~'
함양 산청 문학기행도 다녀오고
여수엑스포 트릭아이뮤지엄도 구경하고
밥도 꼬박 챙겨 먹고 창문 여닫고 보일러도 보고
일보다는 순서대로가 더 바쁘다
일요일 아침에도 안부를 물어 온다
'아빠, 오늘은 모하셔?'
'아침 먹고, 여기저기~, 뒷산에나 가볼까~'
내일이면 온다
황진이가 아닌 마누라가
치앙마이 구경 보따리를 안고 온다
그리고 보니 일주일이 금방이다
시 한 수도 다듬어야 하는데 밀린 설거지부터 한다

또 헛일이 되나

마누라가 임플란트 한다고 서울 갔다
찌개 한 냄비 국 한 솥 해놓고
냉장고 안에 밥그릇도 수북하다
이것 요거는 작은 데에 덜어 드시라 하고
찬은 위에서 세 번째 칸에 있다고
현관 나서면서 말하고는 물어볼 틈도 주지 않고 갔다
이게 벌써 몇 번째인지 모른다
그대는 당연지사라 생각하겠지만 난 아니다
잠은 안 오고 밤은 깊어가고
나중에 일 생기면 대꾸할 거리를 찾아본다
꽃 피는 봄에 날 두고 갔고
신록이 눈부신 날에도 날 남겨두고 갔고
폭염 열대야에 나 혼자 내버려 두고 갔고
조석으로 시원한 가을이 오자마자
미안한 듯 잠시 주춤했을 뿐 서둘러 갔다
딸아이 집에 진을 치고
구름이 밥은 똥은 오줌은 운동은 시켰나요
베란다는 화분은 물은 수도꼭지는
카톡으로 이것저것 물어 온다
귀찮아서 묻는 족족 다 했다고
묻지 않은 것도 했다고 했다가 한 소리 들었다

돌아오면 쭉 둘러볼 것인데
이런저런 궁리로 대책을 세우고
가상 시나리오로 연습까지 해보지만
올 때가 되어가니 약간 흔들린다
혹시 내 생각을 다 안다는 듯
눈웃음치고 올까 봐

내 맘도 모르고

모처럼 걸어보자는 마누라 손에 이끌려
언덕길을 내려가서 해안을 따라 걷는데
앞서가던 마누라가 멈춰 서 돌아보며
왜 그리 천천히 걷느냐고 한다
그냥, 하고 멋쩍게 다가간다
내 나름의 이유가 있는 걸
마누라는 모를 것이다
마주치는 새로운 것들
아는 사람인지도 봐야 하고
어떤 옷을 입었는지 유행인지도 봐야 하고
이방인이 지나치면
어느 나라에서 왔을까 궁금하기도 하고
젊은 여자를 보면 시집 안 가고 버티는
딸아이보다 나이가 많을까 적을까
재어보기도 하고
앞서가는 마누라 뒷모습이
좋아 보이기도 하고
나 만나서 고생 많았다 생각도 들고
이런저런 생각을 하면서 걷는 건데
마누라는 돌아서서 기다리며
나보고 느리다고만 한다

혹여 마누라는
이런저런 생각을 지우려고 빨리 걷는 걸까
앞서가다 돌아보고는
자꾸만 빨리 오라 한다
내 맘도 모르고

첫 손녀를 보던 날

며늘아기가
산통이 와서 새벽에 분만실로 갔단다
서울행 고속버스는 오늘따라 느리기만 하고
차창 밖 풍경도 건성으로 보인다
옆자리 아내는 기도를 하는지
무슨 생각을 하는지
물병을 손에 쥔 채 별말이 없다

신생아실로 이동하는 사이
손녀와 첫 대면 하는 우리 가족들
외할머니께서 종일토록 애 많이 쓰셨단다
아들이 아빠가 되고
며늘아기가 엄마가 되고
우리가 할아버지 할머니가 되었구나
실감 나지 않는다는 아들과 악수를 했다
모두의 긴장이 웃음으로 풀어진다

두어 달 전에 아들 내외의 부탁을 받아
손녀의 이름을 지었다
획수를 조합하여 수리 구성을 보고
호명도 맑게 맞추었다

지유至裕

우리 손녀 지유야
며늘아기야 이제는 심바야 그만 부르고
지유야 하고 불러라
모두 축하한다

뒤태

몽골이 볶아대던 개경의 겨울
말달려 남하하다가 의성 땅에 멈춘
먼 할아버지의 생각이 지평을 열고서
하늘 천 따 지 가르치던 할아버지의
훤한 웃음이 떠오르고
유학 간 부산
아버지의 삼동초밭이 시장 천막에 덮인 채
봄비로 시들 때 부자간의 걱정이
지금도 추억되고 있다는 것
등 뒤에 보이시나요

젊을 때 울산
아내 딸 아들과 들로 산으로
이젤을 세우고 화판을 펼쳐 꿈을 그렸던 것
이제 과년한 딸이 삼성동 어느 빌딩에
자리 틀고 앉아 일에 묻혀 사는 것
시집가라는 말의 기미가 보이면
선제공격으로
아비의 입을 봉쇄해버리는 것
등 뒤에 보이시나요

아내는 귀를 막지만
집 비울 때 가스 전기 수도 확인하세요
의심나면 다시 점검하세요
압력 팔십 킬로 온도 삼백 도 생산 현장
터지면 흔적 없이 사라질 위험이 상존하던 곳
그 울타리에서 반평생을 안전을 지키고 살아
위험을 보는 일이 몸에 밴 탓인데
등 뒤에 보이시나요

삼복의 볕을 가리고
여름을 벗 삼아 붓글씨를 쓸 때
부르는 리듬 느리게 더 느리게
시 한 수 줍기 위해
신문 잡지 신춘문예를 꺼내 펴고
당송팔가문을 따라 지도책을 펼치고
선배 시인들의 시집을 읽어보아도
채우지 못한 부족함이 어깨 가득한 것
등 뒤에 보이시나요

몸의 숲으로

태화강에서 이젤을 세우고 강을 스케치했다
아이들과 아내는 강변에서 조약돌을 줍고 나는 강 건너를 그린다
내 나이 서른셋, 일요일 한낮 강가에서 어색한 포즈로
강 건너 언덕 숲 속의 작은 집 하나 그리기 위해 나에게 숙의하다

아카시아
산악 훈련에서 돌아온 위병소는 한가하다
건네받은 쪽지 하나
"그냥 보고 싶어 왔더니 훈련이 길다 하네
아카시아 꽃향기만 담아 가네 몸조심하고, 가서 편지할게"
동해 해안가 아카시아 숲이 고운 그리고 길 건너 백사장
해당화 낮게 엎드린 바람과 파도가 그리움의 숲을 그리고 있다
내가 도회로 간 뒤 쌓인 그리움이 언덕 하나 사이로
한마을 사람인 그녀에게로 다가가 고향이 되고 첫사랑이 되었다
서두르는 혼사에 나를 두고 고뇌하던 사람
태화강 가의 아이들과 나와 동행한 여자

문학에 대하여
중학교는 매머드 건물이었고
백양대란 이름의 숲이 아담한 동산과 큰 도서관이 있었다
방과 후 햇볕이 잘 드는 도서관 창가에서 춘원의 사랑을 읽었다

삼 학년 때 개교 기념 백일장에서 교명인 '개성'을 주제로 전교 장원을 했다
그 기억이 내 몸 어느 골에 숲의 씨앗으로 남은 걸까
마도로스 출신 아는 사람이 사업이 부도나 아버지 돈 떼먹고 야반도주했다
뒤늦게 건져 온 게 상자 하나, 책만 가득한 상자 속에
영어 소설 앰배서더와 일본 소설, 번역판 바이런 시집도 들어 있었다
나는 읽지도 못할 이런 책을 끼고 다니기도 했다

소호를 바라보며 새해 아침을 베란다에서 맞이한다
아내는 사진을 찍어 아이들에게 보낸다
소호 바다에 아침마다 겹치는 나의 숲이 있다
바다 건너 태화강 조약돌 아카시아 해당화 고향이 있다
아내에게서 내가 고향을 보듯이
이런저런 생각 나는 날 아내는 나의 숲에 있겠지
예전에 아카시아 꽃향기를 담아 갔듯이

| 해설 |

풍경의 틈새를 보는 눈의 깊이와 넓이

신병은 시인

    시는 일상의 재창조다. 그 최선의 방법은 관심과 관찰, 대상의 본질을 가만히 주의 깊게 바라보는 통찰이다. 시의 눈은 '사소한 것들의 장엄함'을 발견하는 눈이다. 일상 속의 일상, 삶 속의 삶, 풍경 속의 풍경을 새롭게 보는 눈이다. 세상의 표절이다. 좀 더 인간답게 살기 위한 감성 휴가다. 결국은 만나고 살피는 일이다. 만난다는 것은 감정을 함께 나누는 것이고 중요한 것은 공감이다. 공감은 내가 웃는 곳에서 그가 웃고, 내가 울었던 곳에서 그도 우는 것이다. 내가 느낀 곳에서 같이 느끼는 것, 마음을 공유하는 일이다. 이런 느낌의 상응성이 공감이고 인간됨일 것이다. 그럴 수 있을 때 비로소 보살핌을 받아야 할 사람이 보살핌을 받고, 존경받아야 할 사람이 존경받는 살맛 나는 세상이 된다. 시가 꿈꾸는 세상은 결국은 살맛 나는 세상이다.

    로버트 루트번스타인은 그의 『생각의 탄생』에서 생각을 독특하게 하는 도구로 관찰, 형상화, 추상화, 패턴 인식, 패턴 형성, 유추, 몸으로 생각하기, 감정이입, 차원적 사고, 모형 만들기, 놀이, 변형, 통합 등 13개의 도구를 소개하고 있다. 이 도구 중에 가장 첫 번째로 '관찰'을 꼽는다. 관찰은 관심에서 비롯되며 관심은 즐거운 동참에서 시작된다. 즐거운 동참은 수동적인 보기가 아니라 적극적인 보기며 눈으로만 하는 것이 아니라, 모든 감각을 동원해서 보는 발견의 즐거움이라 했다. 그래서 모든 창작은 관심으로부터 시작된다. 관심은 그동안 볼 수 없고 보이지 않았던 것을 볼 수 있게 하는 상상력을 이끄는 가장 중요한 생각 도구이며, 생각을 다시 생각하고, 알고 있는 내용을 다시 한번 뒤집어보고, 무엇을 생각하는가에서 어떻게 생각하는가로 전환해주는 주요 도구다. 세계 속의 세계를, 일상 속의 일상을 잘 들여다보기 위한 도구다. 이쪽에서 저쪽을 어떻게 바라보고 어떻게 생각하고 무엇을 새롭게 읽어낼 것인가의 문제다.

　신은현의 시편들은 우리가 늘 만나는 삶의 풍경의 서경적 시점에서 서정적 시점으로 옮겨 가는 길목에서 만난 시들이다. 망원경의 시점과 현미경의 시점이 동원된, 주변에 일어나는 자연과 풍경에 대한 세심한 관찰에서 시작되는 생각의 탄생이자 정서의 공유다. 현상과 대상의 틈새로 보내는 시선의 깊이와 넓이로 펼쳐내는 묘사 자체가 그의 사유가 된다. 즉, 풍경 속 풍경을 읽는 일이다. 풍경 안에서 자연과 대화하고 내 안의 또 다른 나와 대화를 한다. 그래서 그에게서 그의 공간은 시간이면서 생각이 된다.

　　나무의 사이가 가깝다
　　잎눈이 꽃과 나무의 사이에서 가깝다
　　계단의 산책로는 아침 공기에 가깝고
　　아침 공기는 이슬에 가깝다
　　바람은 기슭에 일렁이며 꽃대를 흔든다
　　봄꽃들이 흔들리며 가까이서 피고 있다

바다 가까운 언덕으로
사람들이 모여 살며 빈터를 두었다
길 사이 빈터로 달빛 곱게 내리고
어느 날 풀씨 날아와 풀꽃이 되었다
이름 모를 꽃을 꽃이라 부를 때
풀과 꽃이 가깝고 꽃과 사람이 가까워졌다

봄의 꽃밭이 되었다
−「가까운 사이」 전문

"가깝다"는 거리의 의미를 차분하게 시선의 이동에 따라 서경의 눈으로 스캔하고 있다. 가깝다는 것은 공간적인 거리의 문이면서 '함께, 더불어'라는 시적 정감의 거리이기도 하다. 그가 맞이하는 봄의 정서적 거리는 가까울 수밖에 없다. 서로가 서로를 품어주고 안아주는 거리, 흔들리면서 가까이서 피기 때문에 꽃대를 흔드는 바람에도 견딜 수 있다. '함께'라는 정감의 깊이와 넓이 때문이다. 그래서 그 사이에 빈터가 있어도 곧 달빛이 내리고 이름 모를 풀꽃이 날아와 자리를 잡아 서로의 거리를 메워주고 당겨주는 것이다. 풀과 꽃, 꽃과 사람이 가까워져 봄의 꽃밭이 된다. 그래서 만나는 대상마다 '안녕하세요, 안녕하세요' 눈 맑게 인사를 나누면서 마음 마음마다 꽃바람이 일어나는 시적 정감의 공간이 된다. 또한 "달이 차고 별이 내"(「봄꽃」)리는, 멀어졌다가 가까워지는 시간의 순환이다. "달빛 고운 나무 곁에서 겨울 창을"(「봄입니다」) 활짝 열어 봄꽃을 피우는 봄이다. 그런가 하면 늘 그대를 향한 그리움을 반추하는 봄이다.

밤바다에
달이 차고 별이 내려
하늘 깊이 환한 꽃물결이 일면
내 맘에도
분분한 꽃바람이 이네
꽃이여
그대 자리는
이제 달빛만 가득이네
별도 아스라이 멀어지고
나에게로 고여오는 그대
봄내 웃는 얼굴 고왔지
내 오늘 그리워
꽃이여! 불러보지만
그 소리 내 안에서 맴도네
그대 지금 어디쯤 가 있는지
봄의 꽃이여
-「봄꽃」 전문

  그의 그대가 구체적으로 누구인지는 중요하지 않다. "나에게로 고여오는 그대"이고 달빛만 고여 있는 그대이고 나를 쓰다듬어 주는 그대이면서 봄꽃처럼 내 마음속에 피어 있는 그대다. 그대이면서 나이고 나이면서 봄이다. 그래서 시인은 봄만 되면 봄꽃으로, "봄비의 리듬으로"(「봄비 내리는 날」) 기억하는, 생각만 해도 그리운 그대인 것이다. 봄꽃의 정서적 변용이다. 봄꽃과 나를 매개해주는 것이 봄비다. "봄비는/ 꽃을 적시고"(「봄비는 꽃에 내리고」) 끝내는 나에게로 스며들어 흐른다. "꽃의 노래가 모여/ 개울이 되고 강이 되고/ 또 강이 되고/ 어디가 끝인지 알 수 없"지만, 그 끝은 다시 "또 다른 시작"이 된다. 그래서 그대 또한 떠났어도 결코 봄의 울타리를 벗어날 수 없다는 걸 눈치채게 한다. 이별도 만남도 순환 속에서 다시 만나게 된다는 걸 알게 된다.

이제 그의 시선은 가막만의 아침으로 옮겨 간다. 가막만은 지리적으로 고흥과 여수 사이에 있는 만이다. "가막만에 아침이 열리"면 "바다의 숲 속 벤치"에 앉아 사람들을 만나 인사를 나눈다. 사람들 사이에 아침을 열어주는 신은현의 바다다.

> 가막만에 아침이 열리고 있다
> 수평선을 열고 섬의 기슭을 열어
> 돌산도 산릉선을 타고 넘은 햇살이
> 고운 빛을 담아
> 잔잔한 바다를 깨우고 있다
> (…중략…)
> 아침 바다의 배 몇 척 물살을 가르고
> 수면을 차고 오르는 숭어 떼
> 바다의 숲 속 벤치가 있다
> 사람들이 만나고 인사하고 말을 건네고
> 정박한 배 일렬의 깃발이 햇살을 흔든다
> 아침 창을 여는 소리 새들의 노래
> 건너편 예울마루 오르는 언덕길이 보인다
> 고운 빛 반짝이는 물결이

바다 저쪽 신월에 닿아
해안의 경계를 여는 사이
돌산도 산릉선이 선명해지고
바다 가득 훤해지는
아침이 열리고 있다
―「가막만의 아침」 부분

시를 사랑하는 일은 때 묻지 않은 마음으로 아름다운 자연을 품고 사는 일과 같다는 말에 동의한다. 신은현의 시적 특장 하나는 자연과 사물을 새롭게 읽으며 삶의 원형을 더듬어낸다는 것이다. 우리가 늘 만나는 풍경에서 살아 있는 것과 죽은 것을 구별할 줄 알고, 상투적인 것의 재발견도 필요하다. 자연과 삶의 풍경을 재탐색하는 일이 곧 새롭게 읽는 일이다. 시인은 아침마다 가막만의 창을 열어 새 아침을 시작한다.

가막만은 "이 바다에 얼마나 많은 배가 오갔을까/ 별똥별이 소나기처럼 내린 적도 있었을까/ 공룡의 무리가 살았을까 지나갔을까/ 사랑의 노래 그 그리움은 얼마나 될까"(「창을 여네」)를 생각하는 상상의 공간이기도 하다. 그래서 시인에게 햇살과 바다와 사람들이 어울려 그려놓은 가막만의 아침 풍경은 날마다 새롭게 다가온다. 어느 하나의 풍경이 아니라 시선의 이동에 따라 캡처된 풍경과 풍경이 하나의 선명한 삶의 서정을 이룬다. 풍경의 인문학이다.

신은현의 시선은 다분히 먼 곳에서 가까운 곳으로, 혹은 가까운 곳에서 먼 곳으로 이동하면서 그 풍경 체험을 그린다. 끊임없이 새로운 풍경으로 옮아가는 시선의 노마드다. 그의 시선은 시공을 초월하여 이동하는가 하면 마음의 풍경으로 이동하기도 한다. 시적 자아의 서정 체험에 대한 그리움은 사라져서는 안 될 풍경이 사라져가는 것에 대한 원심력과 구심력의 노마드적 상상력에 의존하고 있다.

이쪽 풍경이 저쪽의 풍경에 안기고 저쪽의 풀과 나무와 꽃이 이쪽의 풍경으로 와 안기면서 서로의 안에서 제자리를 잡아갈 때 하나의 아름다운 풍경이 연출된다. 사람의 풍경도 마찬가지다. 서로가 서로를 받아들일 때 고요해지고 맑아지면서 서로가 분명해지는 정서를 공유하게 된다. 자연이나 인간이나 서로의 경계를 허물고 서로에게 옮겨 가 생각할 때 서로를 공유하는 관계로 거듭나게 된다. 이렇게 풍경 속에 내재하고 있는 대상의 관계 규명이 신은현이 내재해둔 시적 장치다.

    물 푸른 잎들이 바람을 맞고 있다
    강 따라 다리 건너
    남은 갈증도 씻어버리고
    가벼이 갈잎이 되는 바람을 맞고 있다

    바람이
    언덕 지나 골목 돌아
    방 안으로 들어와
    유랑의 얘기 풀어놓을 때
    말갈 땅에서 들은 동호 이야기
    알래스카 빙하 곰 이야기
    이야기 속에 끄덕이다 동이 튼다

아침은 티 없는 하늘이다
갈잎의 나무들 어깨 그늘 벤치에 앉아
물 푸른 잎들을 바라보는 유랑의 기억
추억해보니 그리움이다
갈잎으로 가벼워지는 모든 것
그리움이다
―「가을바람」 전문

  그의 풍경 체험은 새로운 자아를 향한 끊임없는 유랑이다. 인간은 본질적으로 유목민일 수밖에 없다. 머무르지만 그 가운데 시선은 한없이 떠돌게 마련이고 나아가 상상을 통해 시공을 초월한다. 언덕에서 골목으로, 방 안으로, 말갈 땅으로, 알래스카로 시공을 초월하여 "유랑의 기억"을 추억한다. 이처럼 그의 노마드적 상상력은 연상과 유추에 근저를 둔 그리움이다.

  "티브이를 보다가 강 이야기가 나오면/ 어느 경계를 생각하고/ 서로를 건너는 것에 대해/ 스미고 흐르는 것에 대해 생각하다/ 끝내는 고향을 기억"(「고향의 강」)하고, "한없이 흐르고 흐르다/ 생각의 끝은 늘 고향"에 가 닿고 있다.

  그의 그리움은 '우리는 어디서 왔는가, 우리는 누구인가, 우리는 어디로 가는가'라는 인간 존재에 대한 질문의 대안일 수 있다. 인간이 처한 실존적 운명에 대한 반성적 성찰로서의 풍경 체험이다. 자연과 인간의 그리운 초상이다.

개울 옆
이장댁 뒷간은 똥물이 삭아 곱더라

깊은 구덩이는 찬 바람에 얼고 녹고
    무서리 이른 아침에 똥 단지 달구지가
    겨우내 엎드린 보리밭으로 가더라
    짚 마개 축축하여 흘리며 가더라
    싸한 냄새가 둑으로 개울가로 스미고
    풀 보리 살포시 고개 저을 때
    땅의 온기가 하늘로 오르더라
    아지랑이로 오르더라
    하늘 멀리 머물던 똥 바람이
    흙냄새 그윽한 비로 내려
    언 땅을 적셔 녹이고 있더라
    길로 둑으로 엉긴 물길이 트이고
    아침의 동녘은 푸른빛이더라
    저 먼 데는 온통 눈이 부셔 희더라
    담장과 길섶과 둑,
    이장댁 뒷간으로
    햇살 들고 있더라
    -「개울 옆」전문

 자유로운 상상력의 근저이기도 한 그의 노마드적 상상력은 자연과 인간이 함께 순환 질서에 호응하면서 새로운 질서를 찾고자 한다. 이장댁 똥 단지가 보리밭으로 간다, 그 냄새가 개울가로 스미고 아지랑이로 오를 때 하늘 멀리 머물던 똥 바람이 비로 내려 언 땅을 녹이고, 다시 햇살 되어 이장댁 뒷간으로 드는 순환의 질서 속에 드디어 "길로 둑으로 엉긴 물길이 트이고/ 아침의 동녘은 푸른빛"이 된다. 순환이 통通의 길임을 밝혀준다. 막혀 통하지 않으면 고여 썩게 되는 것이 세상의 이치임을 알게 된다.

  그는 인간과 자연, 풍경과 풍경 사이의 공감은 각각 제자리에서 서로 어울리고 소통하는 것에서 가능한 공명임을 밝힌다. 통합된 개체, 통합된 전체의 진정한 조화에서 가능해진다. 그에게서 풍경은 차원을 달리하는, 실체가 아닌 자기 회복력인 항상성으로 되돌아가고자 하는 순환의 모티프다. 순환 운동은 돌아오는 작용을 통해서 완전해진다. 사물들은 저마다 개체에 내재한 도를 바탕으로 변화나 발전이 상당한 정도에 이르면 반드시 원래의 상태를 회복하는 운동을 한다. 대개 그러한 복귀의 움직임은 무의식적으로 이루어진다. 이것을 항상성恒常性, homeostasis mechanism이라 한다.

  그의 풍경은 묶이지 않은 존재로서의 자연이다. 묶인 세계가 아니라 묶이지 않은 만물의 본성이 자연이다. 그것은 마음으로 느끼고 대응하는 것이라 했다. 그 자체로 인위의 위선을 벗겨내고 다시 제자리로 돌아갈 수 있는 자리가 자연이다. 그가 풍경 체험을 중심으로 시적 전개를 보이는 이유가 여기에 있다.

> 산 너머 복사꽃 마을을 지나는
> 물소리 정겨운 시냇가를 걷는다
> 미루었던 생각들을 끄집어내어
> 따뜻한 볕에 펼쳐보니
> 모든 게 봄을 기다렸던 것들이었구나
> 바람에 분분한 복사꽃이여!
> 오늘 여기 푸른 들녘, 대지의 벼루에
> 하늘 담은 물로 먹을 갈고 싶구나

미루고 또 기다렸던 생각들을 모아
　　물소리 정겨이 먹을 갈고 싶구나
　　옛 추억에까지 먹물이 짙어
　　가슴의 화선지로 오는 복사꽃이여!
　　바람을 내리는 그 꽃잎 하나 그릴까
　　꽃잎 띄워 흐르는 물소리를 그릴까
　　미루고 또 기다렸던 생각 모아
　　산 너머 복사꽃 마을을 지나는
　　풍경 하나 그릴까
　　—「풍경 하나 그릴까」 전문

　그에게 자연은 "그대 웃음"(「그대 웃음」)이다. 뒷산에 핀 진달래에도, 개나리와 산수유에도 "고운 색으로/ 풋풋한 향기로 풀어"내는 수줍은 "그대 웃음"이 있다. 그뿐이랴. 호수 같고 강 같은 봄 바다, "달도 있고 별도 있고/ 술도 있"(「그것뿐이랴」)다. 그에게 자연 풍경은 죄다 웃음과 행복을 가져다주는 매개물이다. 그 풍경은 산 너머에 있는 "복사꽃 마을"이면서 "꽃잎 띄워 흐르는 물소리"이면서 '기다렸던 봄'이다. 자연의 풍경뿐만 아니라, 삶의 풍경 역시 그의 시 속에 풍경의 인문학으로 자리하면서 독자로 하여금 공명을 체험하게 하는 단서들이다. 그의 시는 산 너머에 있는 "풍경 하나 그"리는 일이다.

　　뒷산 개구리의 깊은 방으로
　　아침 햇살이 인사를 트고
　　연못가의 풀꽃들이

갈잎 찬 땅속 하품으로 눈을 비빈다
멍든 자리마다 피가 도는
기억의 저 소리는
가만가만 들어보면
강물 흐르는 소리다

성문을 나서는
겨울 군주의 무리가
산으로 들로 흩어지고
개구리 그리고 풀꽃들이
신기한 세상을 돌아보며
지난 기억 하나를 찾고 있다
이제 곧 함성으로 맞이할
봄의 군주를 위해
볕 드는 강가에 표지 하나 세우고
바람의 산에 풍선 하나 매단다
―「경칩의 나라」부분

그의 '기억'의 의미는 봄을 맞는 공간과 시간의 순리이면서 풀림의 포즈가 된다. 그리고 풀림의 포즈에는 너와 나의 따뜻한 관계성이 내재한다. 인간은 생명 중심적 세계관 속에서 낱 생명으로서 관계성을 통해 에너지 충만한 온 생명의 완전한 풍경을 연출할 수 있다. 나를 고집하지 않고 너에 대한 나, 나에 대한 너가 될 수 있는 관계 속에서 인간은 온전한 풍경을 연출할 수 있기 때문이다. 즉, 인간 중심적 사고에서 벗어날 때 비로소 "경칩의 나라"가 될 수 있다. 고착된 나라가 아니라, 변화의 자유가 충만한 나라, 그의 풍경은 조화로운 어울림으로 변화에 적응하는 경칩의 풍경에 다름 아닐 것이다.

그의 풍경은 "봄 햇살 한 움큼"(「꽃눈, 잎눈」) 비쳐 들면 "살포시 눈 비벼 보는/ 속가지 꽃눈 둘"이 얼비치고, "봄바람 한 줄기/ 실개천 놀다 간 뒤/ 별무리 뜨고 지는 밤/ 곁가지에 잎눈 셋"이 얼비치는 풍경 속 풍경도 보인다. 그가 응시하는 풍경은 자연이면서 삶이고, 풍경 속 풍경 체험은 정서 체험이다. 내 마음의 울림의 풍경과 만남이다.

풍경 중에서 가장 아름다운 풍경은 역시 아내의 풍경이다.

> 아침에 아내는 베란다에 가 있다
> 소호가 내려다보이는 베란다는
> 아침 햇살에 눈이 부시고
> 아내는 그 햇살을 맞으며 화초를 돌본다
> 겨우내 방 안으로 들여놓은 화분이
> 베란다로 나온 뒤로 아내의 아침이 바쁘다
> 팔 남매의 여섯째로 육 남매의 맏이인 나를 만나
> 그간의 삶이 참으로 고단했던 여자
> 능화能花 씨
>
> 꽃을 좋아하는 여자
> 나보다 꽃
> 내가 던지는 장난의 별칭을 웃음으로 받아주는 여자
> 직접 씨 뿌려 꽃으로 피웠다는 군자란이
> 햇살 받아 더 고운 아침이다
> ―「나보다 꽃」 전문

그의 시의 배경은 자연이고, 그 자연 속 풍경이 된 사람과 조화를 이룬다. 꽃을 가꾸는 아내, 나보다 꽃을 더 좋아하는 아내다. "육 남매의 맏이"인 시인을 만나 고단한 삶을 살면서도 늘 "웃음으로 받아주는 여자"다. 그러니 군자란보다 "더 고운" 아내다. "앞서가는"(「내 맘도 모르고」) "뒷모습이/ 좋아 보이기도 하고/ 나 만나서 고생 많았다"고 "이런저런 생각을 하면서 걷는"데 굼뜨다고 재촉하며 "내 맘"을 몰라줘 야속하긴 해도 함께하는 정겨운 풍경이다.

아름다운 신화 '바우키스와 필레몬'의 이야기가 오버랩된다.

"우리는 사랑과 화목 속에서 생애를 보냈으니 이 세상을 떠날 때도 함께 떠나서, 나 혼자 살아남아 마누라의 무덤을 보거나 마누라의 손으로 내 무덤을 파는 일이 없도록 하여주십시오."

> 마누라가 임플란트 한다고 서울 갔다
> 찌개 한 냄비 국 한 솥 해놓고
> 냉장고 안에 밥그릇도 수북하다
> 이것 요거는 작은 데에 덜어 드시라 하고
> 찬은 위에서 세 번째 칸에 있다고
> 현관 나서면서 말하고는 물어볼 틈도 주지 않고 갔다
> (…중략…)
> 딸아이 집에 진을 치고
> 구름이 밥은 똥은 오줌은 운동은 시켰나요
> 베란다는 화분은 물은 수도꼭지는
> 카톡으로 이것저것 물어 온다
> 귀찮아서 묻는 족족 다 했다고

묻지 않은 것도 했다고 했다가 한 소리 들었다
돌아오면 쭉 둘러볼 것인데
이런저런 궁리로 대책을 세우고
가상 시나리오로 연습까지 해보지만
올 때가 되어가니 약간 흔들린다
혹시 내 생각을 다 안다는 듯
눈웃음치고 올까 봐
-「또 헛일이 되나」부분

이 시를 보면 시인의 아내와의 관계성을 제대로 볼 수 있다. 아내를 벗어나면 아무것도 할 수 없고 아내의 영역 안에서만 편하고 지혜롭다는 것을 아내가 더 잘 알고 있다. 시적 전개가 재미있지만 어딘가 모르게 우리 시대의 남편의 모습을 보는 것 같아 마음 한편이 씁쓸해지기도 한다. 그렇지만 아내와 오순도순 살아가는 풍경이 감각적으로 묻어난다.

아내의 풍경도 그렇지만 식구들이 함께 연출한 풍경은 더 아름답다. "아침저녁마다 작은할아버지 기침 소리와/ 여물 냄새 코끝으로 넘어오"(「담장」)고, "부엌이 보이는 뒤란 낮은 담에서는/ 할머니가 종숙모를 부르고/ 작은할머니가 어머니를 찾"는 담장을 사이로 "소소한 이야기가 오"가는 풍경도 그렇다.

가족과 함께하는 소소한 일상이 이야기가 되고 시가 되니 '다경가 多慶家'일 수밖에 없다. 시「다경가」를 접하는 독자는 가슴이 먼저 따뜻해짐을 알 것이다. 아이들도 돌아와 모인 저녁, 사위가 올리는 술 한잔을 드시고 "蘭吐香滿 貴人訪 花笑迎客 多慶家"(집 안에 난 향기 가득할 제 귀한 이가 찾아오고 꽃이 웃으며 손님을 맞으니 경사가 많은 집)라고 지어주신 장인의 한시 한 수가 여태껏 마음의 밑바닥에 저며 시인을 일깨우는 풍경이 난향처럼 향기로운 것이다.

그의 시 「아랫목」도 그 연장선상에 있다. '아랫목'의 어휘가 갖는 의미는 정겹다. 오순도순 모여 있는 웃음의 자리이며, 할머니의 무릎을 베고 누워 옛이야기 듣는 유년의 자리이며, 하룻밤을 묵는 길손에게 먼저 온기를 내어주는 배려의 자리였다.

> 큰방 아랫목은 할머니의 자리였다
> 가을걷이가 끝나고 서리가 내리면서
> 할머니는 늘 아랫목에 계셨다
> 아랫목은 아기의 자리였다
> 할머니는 아침마다 아기랑 놀고 계셨다
> 아랫목은 길손의 자리였다
> 비단 장수나 미역 장수가 오는 날
> 할머니는 아랫목에서 한참을 듣고 묻고 웃으셨다
> 아랫목은 결정하는 자리였다
> 고모의 혼사나 송아지 파는 일이나
> 벼를 내는 일이 있을 때
> 어른들은 할머니의 아랫목에 둘러앉았다
> 비녀 머리의 어머니
> 단오절을 코앞에 둔 어느 해에
> 파마를 하고 싶어 며칠을 조르고 부탁해도
> 할머니의 꾸중만 더해지던 어느 날
> 할아버지 뜨락까지 오셔서
> 고만하라는 말씀 두고 가신 뒤

할머니가 말없이 나가시니 그게 허락이었다
모든 용돈은 할머니 바지춤에서 나왔고
새 학기에 받는 지폐 한 장은 따스하고 단내가 났다
나는 그런 할머니가 좋았다
아랫목이 좋았다
―「아랫목」 전문

  그가 그리는 풍경에는 맑고 고운 삶을 향한 그리움이 내재되어 있다. 그리움의 시적 변용이다. 그리움의 정서는 예부터 우리 서정시에서 빼놓고 이야기할 수 없는 보편적 감정이다. 그가 지향하는 그리움은 풍경 속 한 지점에 닿아 있다. 공간이면서 시간인 시적 이미지로 체화되어 나타난다. 존재를 확인하는 시인의 성찰을 위한 장치가 된다.
  사람과 사람 사이의 거리가 만들어낸 정서적 거리, 틈과 사이의 시간과 공간의 복합적 변용의 미다. 사이와 틈에 존재하는 풍경은 그로 하여금 무언가로 닿을 수 있는 보편적 그리움의 발화 지점이 된다.
  "숲은 하늘에 닿아 있고/ 하늘은 숲에 닿아 있"으며, "바다는 기슭에 닿아 있고/ 배는 파도 위에 떠 있"(「닿아 있네」)다. "어둠은 아침에 닿아 있고/ 새벽은 문 앞에 와 있"고, "햇살은 하늘에 닿아 있고/ 하늘은 햇살에 닿아 있"다. 마주 보는 우리도 "서로 닿아 있"다.
  그 사이와 틈은 닿을 수 있는 통로인 길 이미지와 연결된다. 존재와 존재 사이를 연결하는 과정이면서 반드시 존재해야 할 근원적 본질이기도 하다.
  광장으로 가는 길이 열리고, "새벽을 나선 사람들이"(「광장에는 길이 있었다」) 바쁘게 길을 가고, 비로소 인간과 세계의 재발견인 "마키아벨리의 군주론"을 만나게 된다.

"낙포로 내려가는 77번 국도/ 영취산 자락"(「길 위의 가을」)의 정겨운 마을들이 보이고, 가로수 길이 있고, "달의 바다 소호"(「길」) "위를 걷는" 바람길이 있고 "익숙한 사계의 길"(「길을 걷다가」)도 있다. 그 길 따라 눈길로 맞는 길 위의 풍경 또한 그의 키워드로 자리한다. 그래서 가끔 나무에게 길을 묻고 바람에게 길을 묻는다. 그러다가 "나무와 숲과 새들의 둥지가/ 바람의 유대 속에"(「길 위의 가을」) 한결같이 닮은 풍경들 속에 안겨 든다. "골바람이 지나고"(「낙엽을 담는 강」) "봄볕과 신록의 이야기"가 있는 "나무숲 사이"로 난 터널 길도 만난다.

정겹고 즐거운 길의 풍경이다. 그래서 그의 삶의 밑자리는 모나지 않은 동그라미다. 세종이 창제한 이응은 맑은 울림소리이면서 아래위가 호응하는 정겨운 소리다. 그래서 그는 이응, 즉 동그라미의 인문학적 의미를 탐색한다.

> 세종대왕께서 한글을 창제하실 제 닿소리 열네 가지 중에
> 이응을 주셨으니
> ㅇ에는 울림이 살아 숨 쉬는 느낌이 있다
> 빙글빙글 돌고 있으니 정겹고 아름답다
> 이응은 동그라미다
> 시기 질투 분노에는 없는 동그라미가 애정 사랑에는 들어 있다
> 너 나에 없는 동그라미가 우리에게는 있다
> 남자에는 없지만 여자에는 있다
> 산에는 없지만 강에는 있다

산은 머물고 강은 흐른다
강물을 담는 바다
바다에는 없는 동그라미가 풍랑 태풍에는 있다
둥글다는 것은 먼 데서 보면 동그라미다
해가 둥글고
달이 둥글고
지구가 둥글다
반짝이는 무수한 별들도 모두 둥글지 싶다
아침 식탁의 접시도 동그라미다
밥그릇 국그릇도 동그랗다
우주는 둥글고 커다란 웅덩이지 싶다
그 안에 해와 달이 있고 지구가 있고 별들이 있다
동그라미가 움직이고 숨 쉬고 있다
−「동그라미 그려보다」 전문

"사랑"은 "동그"랗다. 자형의 창제 원리와 함께 이해된 인문학적인 의미가 이종 교류되어 있다. 질투와 분노에는 없지만 애정과 사랑에는 있다. 나와 너에게는 없지만 우리에게는 있고, 남자에게는 없지만 여자에게는 있고, 산에는 없지만 강에는 있다. 정겨운 사람을 만나면 껴안는 모습도 동그랗다. "해가 둥글고/ 달이 둥글고/ 지구가 둥글다". 둥글다는 것은 모나지 않아 원만하다는 의미로 신은현의 가치 덕목으로 자리한다.

신은현 시인의 또 하나의 키워드는 담백한 응시다. 시는 막연하게 생각하고 막연한 감정으로 하는 '말 빚기'가 아니라, 실제적인 물증에 근거해 이야기하듯 펼치는 담담한 진술이다. 구체적인 형상을 딛고 사고의 확장을 보여준다. 관찰을 통해 깨닫는 것은 세속적인 것들의 장엄함이라 했다.

시 창작의 기반은 연상과 유추에 있으므로 유추할 수 없다면 세계를 창조할 수 없다. 다른 사람이 되어 타인의 눈을 활용할 수 있어야 한다. 이것이 감정이입의 본질이다.

『예기禮記』에서는 '무불경毋不敬', 즉 세상에 존경을 표하지 않을 것이 없다고, 모든 것이 존경의 대상이라고 했다. 풀꽃 한 송이가 아무것도 아니면 나도 아무것도 아니라는 가르침이다. 얼마만큼 제대로 들여다보는가가 통찰이고 모든 것을 존경하는 첫걸음이다. 이것이 신은현이 대상을 만나는 안목이고 대상을 들여다보는 눈이다. 대상을 잘 들여다볼 때 비로소 자신의 안쪽을 들여다볼 수가 있다. 그래서 대상은 나를 만나는 거울 뉴런이 된다. 그러고 보면 이 세상 모든 풍경은 결국 자아 확인을 위한 창이면서 귀착지다. 나무를 읽고 풀을 읽고 바람을 읽고 끝내는 나를 읽는 것이다. 선경후정先景後情은 이를 두고 일컬음이리라.

통합 문서
"좌에서 우로 선 한 줄 긋다"를 치다
선 위에 나무 하나 그리다
벤치 하나 그리다 놀이터가 되다
지금은 밤, 놀이터는 텅 비었다
그리다 만 그림이 되고 말았다

"좌에서 우로 선 한 줄 긋다"를 치다
위에 나란히 선 하나를 긋다

> 그 사이에 점 하나를 찍다
> 한 마리 새가 되다
> 지금은 밤, 새는 이미 둥지에 들었다
> 그리다 만 그림이 되고 말았다
>
> 시간은 흐르고
> 그리다 만 그림만 남았는데
> 머릿속에 맴도는 건
> 이미지다 그림이다
> -「이미지 그리기」 전문

 그의 시는 대체적으로 이미지 그리기를 중심으로 시상이 전개된다. 사실 우리가 인식하고 있는 모든 것들이 다 이미지다. 그의 자연 또한 마찬가지다. 그에게 풍경이 이미지화되는 순간 자연은 그에게 말을 건네고, 그때 삶의 매혹적인 순간을 체험한다. 공감의 교감이다. 그의 자연과의 만남은 감성적으로 다가온 풍경 속 이미지 체험이다. 시인의 마음에서 다시 해석되고 유추된 자연으로 체화된 이미지가 된다. '스스로 그러함', 장자의 자연이다. 신은현의 시는 자연의 스스로 그러함을 담으면서 그 이면에 삶의 꿈을 투영한다.

> 구순을 바라보는 어머니
> 천자문을 베끼고 있다
> 한참 만에 다시 쓴다는데
> 하루에 한두 줄도 쓰고
> 한두 장도 쓰고

치매 예방에 좋다고 하며
누가 쓰길래
따라 써본 것이 여태까지네
공책이 세 권이네
다시 써보는데
글씨는 점점 못해지는 거제
어머니는 새 공책에
천지현황을 써놓고
천天 자를 바라보며
먼저 가신 아버지 생각하실까
치매 예방한다 생각하실까
모처럼 본가에 들러
어머니 공책에서
지난날을 읽는다
-「어머니의 공책」 전문

포구에 닿은 강이다
그 강은 비를 받고 가뭄을 견디며
별 고운 기슭에서 꽃으로 살자 한다
나무에게 꽃을 바라며
입술을 축이던 날
기슭의 꽃잎 하나 품는다
잎눈이 곱던 봄에
기슭은 꽃으로 고왔지
어느 바람 부는 날

꽃잎 하나
가슴 태우는 바람이 되고
또 바람이 오면 사라지고
강은 눈물 그렁한 강변에 머문다
분분한 바람의 세월로 흐른 강
그 강의 여윈 독백이
포구로 흩어질 때
강은 조용히 다시 흐른다
―「엄마의 강」 전문

'어머니'와 '엄마'는 같은 뜻이면서도 다르다. "구순을 바라보는" 어머니는 천天 자를 써놓고 "먼저 가신 아버지"를 생각하는 분이고, 엄마는 "별 고운 기슭에서 꽃으로" 사는, 조용히 흐르는 강이다. 어머니는 먼 곳에 계시지만 엄마는 가까운 거리에 함께 있고, 어머니는 좀 어색하지만 엄마는 자연스럽다. 어머니는 나와의 관계를 일컫거나 공식적인 자리에서 칭하는 말인 반면에 엄마는 나의 가슴 한쪽을 아리게도 하고 뜨겁게도 하는 말이다.

신은현 시인은 시를 통해 세상을 본다. 세상은 내 마음에 따라 달리 보인다. 그래서 세상 보기는 내 마음 보기다. 내 마음에 공을 들이는 일이 세상을 바르게 사는 길이자 나를 바르게 인도하는 길이다. 그래서 어머니는 세상을 읽는 또 하나의 풍경이자 창으로 자리한다.

시 쓰기는 마음의 눈으로 관찰하고 머릿속으로 형상을 그리며 유추하고 연상하여 통합적 성찰에 이르는 과정이다. 신은현의 시는 착한 눈으로 응시한 착한 풍경, 착한 서정이다. 꽃이 피고 지고, 잎이 나고 지는 것처럼 우리의 인연이 피고 지는 것도 자연스러운 생의 여정임을 깨닫는다.

아내와의 인연, 어머니와의 인연이 그렇듯이 모든 게 시절인연임을 깨닫는다. 그런 그에게 헛된 욕망이나 때 묻은 삶의 관념은 개입할 틈이 없이 오히려 너무 순결해서 늘 망설이는 자신의 모습을 보곤 한다. 그래서 "여태/ 나에게 나를 물어보지 못한 건/ 내가 너무 진지해질까 하는/ 두려움 때문인지 모른다"(「망설임」)고, 나아가 "하늘이 너무 진지해질까 하는/ 두려움 때문인지 모른다"고 고백하는 것이다.

니체는 "참된 사랑은 사랑하는 대상을 스스로 창조한다"라고 했다. 대상이 나를 선택하는 것이 아니라, 내가 대상을 창조하는 것, 그것이 사랑이다. 눈의 깊이와 넓이로 풍경의 틈새를 보는 그의 착한 사랑법은 삶을 아름답게 가꾸는 창조가 된다.